新手创新创业
开店指南系列

开家赚钱的花店
花店经营管理从入门到精通

新手创新创业项目组　编写

化学工业出版社

·北京·

开家鲜花店，投资小，见效快！

《开家赚钱的花店——花店经营管理从入门到精通》一书就是在投资小、见效快的基础上，把开花店涉及的方方面面系统整理出来，通过实体店+互联网的方式展现给读者，给读者一个抛砖引玉的指引和参考。

本书内容涵盖面广，实用性强，实例与图表并重，可供对开花店感兴趣的有识之士以及想要创业的人士借鉴与参考。

图书在版编目（CIP）数据

开家赚钱的花店：花店经营管理从入门到精通/新手创新创业项目组编写．—北京：化学工业出版社，2018.4（2025.7重印）
（新手创新创业开店指南系列）
ISBN 978-7-122-31643-1

Ⅰ.①开⋯　Ⅱ.①新⋯　Ⅲ.①花卉-专业商店-商业经营　Ⅳ.①F717.5

中国版本图书馆CIP数据核字（2018）第041321号

责任编辑：陈　蕾　　　　　　　　　　装帧设计：尹琳琳
责任校对：王素芹

出版发行：化学工业出版社（北京市东城区青年湖南街13号　邮政编码100011）
印　　装：涿州市般润文化传播有限公司
710mm×1000mm　1/16　印张13$\frac{1}{4}$　字数219千字　2025年7月北京第1版第10次印刷

购书咨询：010-64518888　　　　　　　　售后服务：010-64518899
网　　址：http://www.cip.com.cn
凡购买本书，如有缺损质量问题，本社销售中心负责调换。

定　　价：49.80元　　　　　　　　　　　　　　　　　　版权所有　违者必究

前言
Preface

随着经济的发展,投身创业的人越来越多。创业是许多朝九晚五的上班族的梦想,也是许多尚未投身职场的大学毕业生、准毕业生的就业之路。

创业是创业者对自己拥有的资源或通过努力对能够拥有的资源进行优化整合,从而创造出更大经济或社会价值的过程,是一个人发现了一个商机并加以实际行动转化为具体的社会形态,获得利益,实现价值的方式。

俗话说,男怕入错行,尤其是新毕业的大中专学生,在创业前期一定要考察市场,结合自己所在地区的情况来选择一个最合适的创业项目,这样,才能在未来的发展中日益壮大。

如果想创业,首先选择自己熟悉的行业进行创业。俗话说,隔行如隔山,如果选择自己不熟悉的或者从来没有做过的行业,风险很大,失败的可能性也很大。创业本身就是以收益为主要目的,如果对一个行业熟悉,遇到问题就能自己解决,能够控制成本,并能很好地预测以后的市场行情走势。选择熟悉的行业创业,可以有效规避风险,节省时间,有利于横向发展。其次,选择创业项目时,必须根据自己的资金、优势、地理位置、人脉关系、兴趣爱好,进行综合分析,如选择有前景、行业市场空间大、竞争对手较少、市场需求量大的行业,要考虑尽可能合理的投资、利润和回报。

创业项目选对了,接下来就是如何经营,如何起步做生意了。如果您是创业新手,第一次开店做生意,那就一定要好好用心了。有人说:创业是件很痛苦的事,并且会让创业者不得安宁。而得安宁的唯一办法就是掌握正确的开店技巧,快速进入市场运营,拥有红火不间断的好生意。

基于此,"新手创新创业项目组"挑选了市场上门槛不高、容易上手、市场成熟度比较高的行业，组织编写了新手创业开店赚钱系列，具体包括《开家赚钱的花店——花店经营管理从入门到精通》《开家赚钱的餐馆——餐馆经营管理从入门到精通》《开家赚钱的咖啡奶茶店——咖啡奶茶店经营管理从入门到精通》《开家赚钱的便利店——便利店经营管理从入门到精通》《开家赚钱的宠物美容店——宠物店经营管理从入门到精通》，本系列图书去理论化，图文并茂，模块化编写，通过实体店＋互联网的方式展现给读者，给读者做个抛砖引玉的推广和参考。

开家鲜花店，投资小，见效快。首先投资小，就是在市场上租一个店铺，无须太大，费用一季度一交，配上必需的设施，维持正常的进出货即可；其次周转快，鲜花周转期短，勤进快出，十分灵活；再次符合花费趋势，鲜花花费与人们生活水平及文化品位紧密相干，随着社会不断进步人们文化素质不断进步，鲜花市场也会越来越大。《开家赚钱的花店——花店经营管理从入门到精通》一书就是在这个投资小、见效快的基础上，把开家花店涉及的方方面面系统整理出来给新手创业者提供参考，具体包括以下几大模块内容：

◇开店筹备　◇货源采购　◇花材养护　◇布局陈列　◇价格制定
◇礼仪插花　◇花语导购　◇销售服务　◇营销推广　◇网上开店
◇配送服务

本书编辑整理过程中，获得了许多创业培训机构培训导师、职业院校老师和行业一线从业人员的帮助与支持，其中参与编写和提供资料的有王玲、王高翔、文伟坚、刘少文、陈世群、李超明、李景吉、李景安、匡五寿、吴日荣、何志阳、张燕、张杰、张众宽、张立冬、郭华伟、郭梅、秦广、黄河、董超、姚根兴、靳玉良、鲁海波、鞠晴江、杨婧，全书由匡仲潇统稿、审核完成。在此对他们一并表示感谢！

由于编者水平所限，书中不妥之处敬请广大读者指正。

编者

目录 Contents

第一章 开店筹备

导语：创业不是一件简单的事，要想开好一家店，前期需要准备的东西有很多，没有计划好就匆匆开店的风险是很大的。其中开店选址、店铺装修、证件办理等环节往往对日后的店面经营状况起到关键性作用。

一、店铺定位	3
相关链接：花店定位的影响	6
二、店铺选址	7
相关链接：开花店的忌地	10
三、店铺起名	11
相关链接：常见花店起名法	13
四、店铺装修	14
五、相关证件办理	19

第二章 货源采购

导语：有了可靠、稳定的货源，就像是有了最坚强的后盾，花店经营者接下来就可以集中精力提高自身的插花、包装、花艺设计水平，为消费者提供更满意的服务，以争取赢得更多的客户，赢得更多的销售利润。

一、获取货源信息的途径	23
二、鲜花的进货渠道	24
相关链接：中国主要鲜花产地	26
三、鲜花采购要点	27
四、鲜花采购需考虑的因素	29
五、鲜花采购的注意事项	31

六、花器及辅助品的采购	33
相关链接：花店必备的花艺工具	34
七、进货成本控制	35
八、网络采购	38

第三章 花材养护

导语：不同于家庭，花店有大量的鲜切花需要处理，而这些花材的养护与处理方法息息相关。鲜花养护的好与不好直接影响花期的长短，特别是对于一些新开的花店，如果不能很好地养护，那么高价进的花材，只能亏本处理。

一、花材进店后的常规处理	45
相关链接：常见鲜花的处理	46
二、花材的保鲜	47
相关链接：怎样抢救因失水过多而快萎蔫的花材	49
三、花材的护理	50
相关链接：部分叶材养护方法	50
相关链接：常见切花养护方法	51
四、花桶的清洁	52
五、鲜花的储藏	53
相关链接：储藏鲜切花应注意的问题	56

第四章 布局陈列

导语：精巧、美丽的陈列与布置，不但能吸引消费者的视线，引领其走进花店，而且巧妙的布置能营造出良好的氛围，可以刺激顾客的购买欲。因此，经营者要有意识地经常对花店的陈列布置做适时的改变，既要让花店给顾客一种比较既定的印象，又要不断营造新鲜感。

一、花店布局分类	59

相关链接：店面如何分区	59
二、花店布局设计	61
三、花店灯光设计	64
四、花材陈列的原则	67
五、花材陈列的方式	68
六、花材陈列的要求	69

第五章 价格制定

导语：花店经营者对顾客不能漫天要价，不能因人定价，更不能一日多价，要有一定的浮动价格给顾客谈价的余地。同时，鲜花店还要不断地根据市场的变化、竞争对手策略的变化、顾客消费心理的变化、本店的经营状况变化来调整自己的定价策略。

一、定价的程序	77
二、定价的方法	78
三、定价的策略	81
四、定价的技巧	83

第六章 礼仪插花

导语：花店经营中最常制作的就是礼仪插花，它广泛地用于各种庆典仪式、婚丧嫁娶、探亲访友等社交活动中。礼仪插花艺术不是凭空想象，而是按照欣赏对象的要求，遵循一定美学原理，借助某些技术手段制作而成。

一、礼仪插花的分类	87
二、礼仪插花的原则	87
三、花材的搭配	88
相关链接：如何为顾客搭配鲜花	91
四、花色的搭配	92

五、花束的制作 | 95
六、花篮插花的制作 | 101
七、婚庆插花的制作 | 103
八、花器的选择 | 110
九、鲜花的包装 | 111
　　相关链接：花束包装纸大全 | 113

第七章　花语导购

导语：每一种花都有它的花语，花语代表着送花者的祝福。花是最经典、最浪漫的礼物之一，而不同的花也有不一样的含义，到底什么样的花适合什么样的人？作为花店经营者，要具备相关知识，才能为顾客指点迷津。

一、常见鲜花花语 | 123
二、花语组合的含义 | 129
三、如何按用途送花 | 130
四、如何按对象送花 | 133
　　相关链接：不适合送给另一半的花 | 136
五、如何按节日送花 | 138

第八章　销售服务

导语：对于花店经营者来说，再美的鲜花，摆在店里，也无济于事。只有花销售出去，花店才能生存。而有些顾客并不明确自己需要什么样的花，他们往往带着问题来花店或只是随便逛逛，这时花店经营者的销售服务技巧就显得非常重要。

一、了解顾客的需求 | 143
二、接待顾客 | 145
　　相关链接：不同类型顾客的接待 | 146

三、询问顾客 | 148
四、判断成交时机 | 149
  相关链接：如何面对不同能力的顾客 | 151

第九章 营销推广

  导语：花店的营销推广是指花店经营者围绕市场销售所从事的产品设计、包装、定价、分销、促销、销售服务等一系列活动。目的是满足顾客需要，激发购买热情，促进购买行为，实现商品的最终销售。

一、花店常用的营销方式 | 155
二、开设店外服务 | 157
三、发展社区业务 | 159
四、实行会员制服务 | 160
  相关链接：花店如何积累客源 | 160
五、利用赠品促销 | 161
六、做好淡季营销 | 163
七、实行跨界营销 | 163
八、抓住节假日做促销 | 165
九、利用微信进行推广 | 166
  相关链接：微信推广的技巧 | 169

第十章 网上开店

  导语：当鲜花遇上互联网，不仅改变了这个传统行业，更影响了市民的消费习惯，鲜花也可以成为快消品，融入网购大潮。随着鲜花电商的崛起，不少本地实体花店也按捺不住，纷纷开起了"网上花店"。

一、建立鲜花网站 | 173
二、注册个人网店 | 175
  相关链接：淘宝店铺如何装修 | 182

三、微信小程序开店	183
相关链接：开发鲜花微信小程序的意义	186
四、网上店铺的推广	186
五、网店销售服务	188
相关链接：网店售后服务诀窍	189

第十一章 配送服务

导语：对于花店来说，配送是一个非常重要的环节。从长远的角度来看，销售并不仅仅是赚当下的钱，而是为了长久的利益。销售每一个环节都是关键，配送是最后的环节，做到完美服务留住客户，从而培养忠实的客户是至关重要的一个环节。

一、送货订单的填写要点	193
二、给顾客送花的技巧	194
相关链接：送花过程中的异常处理	197
三、送花结束后的工作	198
四、送花服务的细节	199

参考文献

第一章 开店筹备

开家赚钱的花店——花店经营管理从入门到精通

第一章
开店筹备

导语

创业不是一件简单的事,要想开好一家店,前期需要准备的东西有很多,没有计划好就匆匆开店的风险是很大的。其中开店选址、店铺装修、证件办理等环节往往对日后的店面经营状况起到关键性作用。

一、店铺定位

开花店前,除了要掂量手中的资金外,还必须花费心思来考虑花店的定位。

1. 了解消费群体

既然要开花店,那么对于花店的消费群体就必须有所了解。

比如,花店将要面对的消费群体是哪些人,他们有着什么样共性的特征,购买力及购买习性如何,这一群体是正在增加还是减少等,这些都是花店经营者要从宏观上对花店的消费群体进行把握的。

目前,中国鲜花消费群体的特点可以形象地用如图1-1所示的三角形来表示。

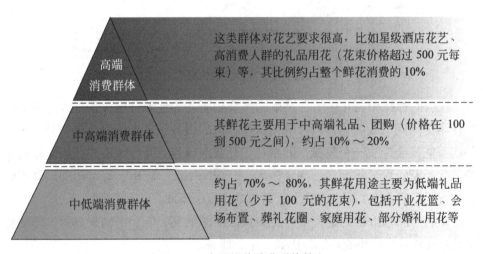

图1-1 中国鲜花消费群体特点

图1-1三角形最高端的部分,是极其个性化的一部分,整个市场的发展潜力相对有限。因此,花店可以把三角形中间的这部分群体作为培养市场的主要目标。这类群体以中高端鲜花礼品消费为主,具备较好的花卉消费意识和消费能力,最有可能转变为家庭用花消费人群,这一部分份额的扩大也代表着整个花卉消费产业的升级。

随着大众的消费能力及学历水平的提高,花卉消费不再仅仅限制于一般的节假日性,而逐步进入经常性和日常化。只有形成家庭用花消费习惯,才是鲜花消费走向成熟的表现。

开店锦囊

花店可以通过对鲜花礼品市场的进一步发掘,带动家庭鲜花消费,从而实现整体产业升级。

2.目标市场定位

一家花店开得成功与否,市场定位是很重要的。定位包括如图1-2所示的三个层次。

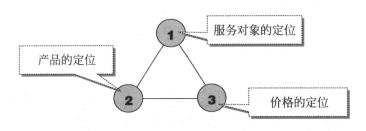

图1-2　花店定位的层次

花店的选择和与花店所在城市的类型和所在的地理位置关系很大,大城市的花店更倾向于专业化,因为未来这些城市的很多服务市场都会被细分,一个花店可能只会专注一个领域,如婚礼、开业庆典等。而小城市的花店比较适于多元化经营。更具体而言,在学校周边、居民小区、超市、写字楼周边等不同的地方开花店,主要服务对象和经营模式也有所不同。

花店产品和价格的定位也不应该只以简单的高、低、中端来划分,即便是定位高端的花店,也要再细分出高、中、低来。

比如,同样是99朵玫瑰,要有高、中、低价位,可分为1299元、999元、699元。也许,选择1299元的可能只会有四五个,选择699元的占10%,大部分的人会选择中间价位的,但价位设定要有层次。

3.目标市场细分

(1)个人消费。一般来说,花卉的主要目标市场中,个人消费者主要是中产阶级和高收入者。他们的花卉消费能力和购买欲望较大,其日常花卉消费明显多于其他收入较低者,且这种消费群体的数量正随着中国目前经济的增长而增长,市场消费潜力也处于增长趋势。

开店锦囊

当前我国鲜花市场的消费潜力巨大,越来越多的人注重精神和文化消费,人们的消费层次在不断地提高。花卉作为美化环境、愉悦心情的产品也逐渐成为人们的日常消费品。

(2)团体消费。对于花店来说,除了个人消费者,大单生意还是依靠于团体消费。而且从目前来看,花卉消费在很大程度上仍然侧重于团体消费,个人消费很零散,所占市场份额不大,主要集中在节庆日和其他一些特殊日子,日常需求仍然偏少。团体性花卉消费在过去、现在乃至将来的一段时间内都处于主要地位并且呈增长趋势。

4.经营风格定位

开花店之前,经营者要想清楚自己花店的风格定位,以及要面向的客户群是什么,这决定了花店的大小、装修风格和业务渠道。

花店的经营业务可以多方面发展,涵盖图1-3所示的范围。

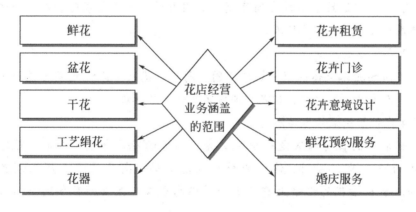

图1-3 花店经营业务涵盖的范围

具体选择要根据不同的消费群体与消费特点来确定经营范围,可单一经营某一方面或综合经营,也可只兼顾其中2~3种项目。

比如,花店以经营商业礼仪花艺为主,则主营礼仪花篮、花束、花车、婚礼场景布置等为最好;以经营家居装饰用花为主,则可以综合经营与家居饰品有关的其他项目,如干花、盆花、绢花以及花器工艺品等。

开店锦囊

花店经营范围的确定非常灵活,经营者应根据定位的不同来选择经营范围,力求精致。

相关链接

花店定位的影响

1. 定位直接决定着顾客群体,而顾客决定着花店的一切收益

在开店之前需要做一个充分的市场调研,包括现实消费者的层次、消费习惯和已有花店的分布、经营特色等,对市场充分了解分析后,结合自身的条件,定位自己在市场上的位置和目标消费群体。

2. 定位影响选址

消费者在哪儿我们的服务就应该在哪儿。如果我们的目标顾客是白领阶层,那么,选址就应该在写字楼、商圈附近;如果是家庭妇女,那么可以考虑在大超市、菜市场附近。

3. 定位影响定价

不同的顾客群体的消费诉求不同。同样的花束,你88元卖给高端消费群体,人家不一定会要,但是普通顾客就会十分喜欢。

4. 定位影响装修风格与运营

如果你的目标顾客是小资主义者,而你的花店却装修简陋,跟路边摊式的花店没有区别,你认为会有人进去吗?高品质的花店必须在花材的质量和插花的水平上都有十分严格的要求,保证顾客拿到手的都是精品。

5. 定位影响发展方向

花店的定位决定了花店的发展方向。越是具体的定位越有针对性,业务板块就会越精细化、专业化,就能有的放矢地开展经营活动。比如专门的结婚用花花店、开业用花花店、丧礼用花花店等。

二、店铺选址

要开张一个花店,选址是最基本也是最重要的因素,是和花店的定位紧密联系的,要根据定位来选择合适的地点,明确你的顾客是什么人,他们在哪里,然后据此选择花店的位置:商圈、医院、学校、居民区,还是其他。

1. 繁华区、商业区

一个城市的繁华地带和商业中心,本身已经形成了一个固定的销售场所,也具有了一定的消费氛围。同时,这些地方一般也是高级酒店、宾馆和会议场所的集中地,选址在这里开花店,一开始就具备了"天时""地利"。如果经营有方,又"人和",经营一定会红红火火。

开在这里的花店档次要高,不管是花店自身装修还是花店内的花卉商品都要有品位。这类花店可以从店内零售和订货业务两个方面来经营。

龚芸经营花店已经有快四年的时间。谈起自己的成功之道,龚芸用了三个字概括,那就是"店址好"。

现在各家花店出售的鲜花其实没有太大的差别,因此一个好的店址就非常重要,也就是你要让想买花的人很方便地就可以买到花。正是考虑到这个因素,龚芸开店的时候,于是不顾家人反对,坚持把店开在闹市繁华地段,不过面积就小了点,只有几平方米。但就是这几平方米的店铺每个月的租金还不便宜。

龚芸说,她平时其实没有太多熟客。因为闹市区大多是商业中心,住宅区相对少一些。她店里的鲜花销售主要以零售为主。虽然每月的租金比较高,但由于每天的顾客不断,销售还是相当不错的。她将这一切都归功于自己当初选了一个好的店址。

花店选址最重要的是要和自身经营的品种、价格、档次、规模联系起,也就是根据定位来选择合适的地点,看适合在哪里开店。如果经营品种无特色,服务质量一般,即使开在闹市区,收入也不会高。当然,如果机缘巧合,先确定了花店的地址,那么也可根据既有的店址进行花店的定位。

2. 大学区

大学生爱花,已成为一种时尚,鲜花不仅千姿百态,色彩绚丽,更重要的是许多花卉本身蕴藏着一种含意。

比如，红玫瑰，传递爱意；黄玫瑰，表示道歉；康乃馨，著名的母亲花，蕴涵着母爱；勿忘我，寓意一目了然；满天星，像一首迷离的情诗……

这一切，对于文化层次较高的高等学府的莘莘学子来说，是心有灵犀一点通的。

有一位教钢琴的教授，平时最爱鲜花，常常光临花店，她说，她的学生送给她鲜花，是她最愉快的事情……而更多的女学生忽然收到一束鲜红的玫瑰，这生活中似乎多了许多的光彩。

有的大学生在为自己的亲朋好友送礼品的时候，也会在礼品盒上附上一枝康乃馨，或是一枝红玫瑰。大学生们购买鲜花量最大的几个节日多是教师节、圣诞节和情人节。送教师多为康乃馨，而圣诞节和情人节多购买红玫瑰。

以鲜花赠友寄情，是当代大学生最喜爱的方式之一。鲜花已经成为当代大学生生活中不可缺少的一项消费品。几乎所有的大学区内，都开有花店。

 开店锦囊

选在大学区开花店，要先调查清楚，目前的花店分布和水平，不能盲目开业，但也不要错过商机。

3.住宅区

随着人民生活水平的提高，花卉已不再是奢侈品。花草能够让人赏心悦目、陶冶情操，紧张的工作之余，如果家中有几盆花草侍弄一下，既给生活增添了情趣，又是一种极好的家庭装饰。逢佳节喜日，亲朋好友之间送上一盆花草，生机盎然，香气宜人，送礼者花费不是很多，收礼人也欢欢喜喜。

有些小区的居民，基本每个家庭均养有盆花，少则一两盆，多则三五盆不止，一般是档次不高但耐养的花卉，最常见的如吊兰、绿萝、水仙、发财树、君子兰、杜鹃花等。尤其是老年人退休后活动量大大减少，在家侍弄花草，看着它一天天地抽新叶、长大，开出美丽的花，可以减轻烦恼。

目前人们对花的认识越来越深刻了，买花的人也越来越多，效益越来越好。尤其是在一些高级公寓和别墅区，花店的生意就更好了。这些地方的人收入较高，消费层次也高，一般购买一些高档次的花来作为一种高级的家装。

可见，选址在人口密集的住宅区开花店当然是明智的选择。

开店锦囊

在住宅区开店,顾客以附近居民为主,他们对鲜花的需求主要是家居装饰方面的,同时还有节日、家庭庆典、纪念日的用花,如结婚、生日等。

4.医院附近

几乎每一个大型医院的附近都可以找到花店,鲜花作为送给病人的一种重要的礼品,已经从很早就流行了。盛开的花朵展示着无限的生命力,美丽的颜色显示着生活的丰富多彩,当一个住院的朋友,收到一束美丽的鲜花或一个漂亮花篮,不仅感受到了朋友的真挚关怀和对自己早日康复的期望,放置于清冷的病房中,也能起到调节气氛、平稳情绪、感受生活、感受希望,从而配合治疗的作用。

因为中国的习惯看望病人一般必带礼品,而鲜花又是首选,所以开在医院附近的花店一般都经营得很好,无论从销售量还是价格都非常令人满意。另外,在医院的附近开花店还有个好处,就是在鲜花消费淡季,医院里住院的病患者却不淡。这样可在淡季时增加花店收入。

开店锦囊

在医院附近开花店可以兼营水果篮等适于看病人的礼品,应常备康乃馨及黄白菊花、百合等花材。

5.超市内

花店开进超市是这一两年随着超市的发展而出现的新趋势。超市购物以其舒适、快捷、自由、方便等特点吸引了不少现代都市人,超市也成了许多人每周甚至每天必去的地方。鲜花进入超市,为消费者购花提供了方便,同时也对普及花卉消费起到了促进作用。

在超市内开设店中花店,可以为消费者在采购日常用品的同时买鲜花提供方便。在超市内开设花店,还可以开发潜在消费者,普及花卉消费。花店开在街道旁,想要买花的人,可能会留意花店在哪里,而对于那些很少买花的人来说,常对花店视而不见,更不要说走进去买花了。超市则不一样,人们在逛超市时，花往往会很自然地出现在人们面前，有时顾客无意中的一瞥，就可能被吸引过来，甚至激发他购花的欲望，进而发展成为长期客户。

 开店锦囊

花店开进超市是国际流行趋势。超市花店的收益在所有花店收益中占的比例越来越大，在瑞士、英国、法国、德国等国家，花卉在超市内的销售额都十分可观。

 相关链接

开花店的忌地

一忌：流动人群集中地

花店不同于其他类型的小商店，如：小食品店、小百货店、服装店等，这类小商店销售的商品大多是人们日常生活的必需品，人们对这些商品的需求量大，并且购买愿望强。因此，在火车站、汽车站等地，这类商店比较多，因为经营者们看好这里的商机。这些地方的流动人口较多，人们来去匆匆，或是走亲访友，或是开会办事，或是旅游观光。虽然人们在这里出出进进或是稍加休息，但是人们可以利用等车的时间，在这些小店里转一转，看一看，买上一些自己喜欢的商品，或是当作旅途纪念，或是送给亲朋好友。很少有人能在此买上一束鲜花或一个花篮带上车。这也是由花卉自身的商品特性决定的。

二忌：文化贫瘠之地

花卉是一种带有一定文化附加值的商品，尤其是经过经营者的构思、创造加工之后，由鲜切花组合而成的花篮、花束，不仅是商品，更带有艺术品的特征。人们购买这样的商品，不仅仅是为它外形的鲜艳美丽所吸引，主要是为它所蕴含的文化特征所折服。从当今鲜花消费品市场的情况来看，购买者大多是具有一定文化欣赏水平的人。因此，选址开小花店时，应考虑这一因素。

三忌：房租差价过高地

开花店初期属小本经营，要考虑自我承受能力，有一个房租心理底线，差价太多不应接受。这是因为，如果房屋租金太贵，就会造成投资成本过大，给经营者带来过重的心理负担，甚至导致经营失败。

四忌：位置太偏僻的地方

一般地说，位置太偏僻的地方购买力相对比较差。经营者最好不要在此选址开店。

五忌：交通不便利之地

交通不便利，会给经营带来很多麻烦和不便。比如：组织货源的问题，货物运输的问题等。因此，交通不便利的地方要慎选。

三、店铺起名

花店的名字可以比作是花店的眼睛，一个有着好听名字的花店，就犹如一位明眸皓齿的女子，能给人留下不错的第一印象。而且，花店的名字在推广宣传方面也有不小的作用。

朱先生今年40来岁，与妻子在××市经营着一家花店，店名就叫"新闻香"。好多人看到这个名字，都会好奇地进店逛一逛，跟他聊一聊，想知道他为什么会给自己的花店取这么一个新奇的名字。一问之下才知道，原来，朱先生这辈子就爱新闻这一行。虽然一直没有干过新闻的工作，但仍然有一颗火热的"新闻心"。对于自己的花店名字，朱先生表示，一方面是表达自己对新闻的热爱和执着，另外也取"新鲜、闻着香"的意思。

就是这个特殊的名字，让朱先生的店铺几乎每天都有好奇来询问的顾客，特别是来这座城市旅游的游客。听到朱先生的解释后，很多人都报以一笑，然后顺便买几枝花。如此一来，朱先生的店铺生意自然是红红火火。而他对新闻的热爱也引起了当地媒体的关注，有记者前来对朱先生及其花店做了实地考察和采访，并在媒体上进行了播出。这样一来，朱先生的花店就更加有名了。

可见，想要开一家花店的不妨先给花店起一个独特的好名字，吸引顾客。那么如何给自己的花店起一个独特的名字？起名字时又有哪些讲究呢？具体起名的技巧如图1-4所示。

1.追求字形、发音、含义的统一

花店的名字要让顾客易于读、写、理解，使顾客在口、脑、眼中都能感受

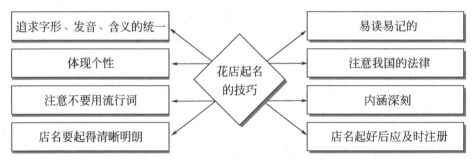

图1-4 花店起名的技巧

到"美名"的冲击力和浓厚的文化色彩。除此之外还要考虑用于牌匾、标志、广告时的效果。

2.体现个性

尽量把自己的花店名字做得个性一些,防止有人假冒或将来发展后遇到不必要的争端。

3.注意不要用流行词

炒作出来的词汇,具有一定的风险性,其流行快,消亡也快,作为长久经营者来说不可取。

4.店名要起得清晰明朗

名字是店的符号也同样是店的招牌,这样的话建议起名字的时候,最好笔画不要太多,不然会不醒目。

5.易读易记的

一个好听响亮的名字,在用相同韵母的时候会有押韵的效果,让顾客感觉更有诗意。还要注意声调最好要不同,这样听起来会有节奏感,让顾客比较容易记。

6.注意我国的法律

中国《企业名称登记管理规定》第九条规定,企业名称不得含有下列内容和文字。

(1)有损于国家、社会公共利益的。

(2)可能对公众造成欺骗或者误解的。

（3）外国国家（地区）名称、国际组织名称。

（4）政党名称、党政军机关名称、群众组织名称、社会团体名称及部队番号。

（5）汉语拼音字母（外文名称中使用的除外）、数字。

（6）其他法律、行政法规规定禁止的。

7. 内涵深刻

这种起名主要是为了讨个吉利顺心。

8. 店名起好后应及时注册

注册时候要至少有5个备选的名字或名号。

相关链接

常见花店起名法

1. 用花卉命名

许多花卉，大家熟悉，花名读起来上口、好听，易记、有美感。选择花名作店名可以突出经营特色，如玫瑰之约、满天星小屋、百荷花房等。

2. 用经营者的名字命名

这是一种很常见的方式，经营者的名字很有意义或代表性，那就可以用在店名中，如经营者叫黄心怡，可将花店命名为心怡花店，听起来非常典雅、别致。

3. 用花卉相关词汇命名

这是一种比较常见的形式，也可以起到烘托主题增加个性的作用，如样样红花店、蝶恋花小屋、花花世界等。

4. 用花店所在地地名街道名命名

虽然这种方式比较陈旧，但是作用是可以让人较易记住花店地址，方便顾客再来上门，如马甸花卉市场、元山花店、紫竹院花店等。

5. 用其他词汇命名

选用其他词汇命名也是较为普遍使用的一种方法。一般选用的词汇是比较吉祥、顺耳，如万发、兴达、宏顺等。

四、店铺装修

花店选好店址,接下来要做的事情就是装修了。精巧、漂亮、独特、有风格的装修设计,不但可以吸引顾客走进花店,而且花店某处别具风格的设计还能激发顾客的灵感,让顾客将花店装修与家居装修结合起来,这是一个使顾客进而成为花店的常客的好办法。

在北京一条充满老北京气息的街道里,一间花店以其独特的店面风格吸引了人们的目光。这是一家传统与现代、古典与时尚混搭的花店。说它传统,雕花的本色木柜上一幅水墨画栩栩如生;说它现代,几款精致的鲜花礼盒绚丽芳香;说它古典,一把小扫帚和一只秤杆都能成为装饰物;说它时尚,各种闪钻配饰恰当地融入其中。无论是花丛中挺立的翠竹,还是鸟笼里呼之欲出的空气凤梨,都使这间并不宽敞的店铺多了几分混搭气质。

花店经营者是学盆景园艺出身的,骨子里就带着对传统文化的喜爱。开花店前,他又专门去认真学习了多项花艺课程,渐渐形成自己独特的设计风格。花店开张后短短几个月,周边不少居民和单位便已成为花店的常客。吸引他们的有橱窗中展示的精美花束、琳琅满目的多肉植物、几元钱便可捧走的小小盆栽和亲手组合盆景的那一份心情,另外还有不少顾客专为婚礼现场的花艺布置慕名而来。

可见,花店的布置很重要,精巧、美丽的布置,不但能吸引消费者的视线,引领其走进花店,而且巧妙的布置有时也会给顾客带来灵感,顾客也会把看到的一些好点子与家居装修、装饰结合起来,进而成为花店的常客。

1. 整体规划设计

在装修花店前,脑海里要有一个大致的概念,可以借鉴其他经营成功的花店的做法,结合自己的构想进行整体的规划设计,同时要以自身花店的实际情况为基础,从实际出发进行花店的装修设计。

(1)水电改造方面的基础设施设计。无论是能源电线、照明电线、电话线,还是传真、数据宽带网线等都要先安设好。店内一定要在方便操作的地方安好上下水设施,地板材料要坚固耐用。因为花店用水较多,不时会有水洒在地板上,因此木地板、地板块等胶贴的材料都不太合适,仿石地砖要好些。墙面背景可考虑用乳白色、淡粉色,适合衬托鲜花和作品;粉绿色也是不错的选择,有自然清新的感觉。

（2）灯光设计。在灯光设计方面，要保证花店里有充足的光线。光线对表现室内鲜花和作品也有很大的影响，花店的光线要明亮，以暖色为宜。注意选择可以调节方向的射灯，对以后烘托不同大小、位置的作品比较方便。如果店小，可以装一些镜子改善视觉效果。

（3）设备设计。在设备方面，在店内可以准备一些随时可以移动的花架，以备不时之需。

（4）橱窗设计。橱窗可以很好地展示花店的花艺水平，橱窗设计如果很独特的话，本身就是最好的广告。橱窗可以用来展示花店节庆、季节商品，环境主题等内容，是吸引顾客进来购物和花店宣传的窗口，因此橱窗设计是一个很重要的部分。

（5）门前环境设计。此外，还应注意门前的环境，看看能否用灯箱等设施为花店创造一点"自留地"，这是为以后在高峰期，比如在情人节、春节等业务忙的时候，或者是有大宗花篮业务时，可以"扩张"借用一下街上的空间。

2.风格设计

根据花店位置、运营模式、档次定位及主要顾客群体，花店可以设计成以下几种风格。

（1）田园风格。田园风格的花店装修是最普遍的，美丽的鲜花缠绕着房屋建筑，再把一些精细的后期配饰融入设计风格之中，更加明显地体现出人们追求舒适的生活氛围。清新自然的田园风格，带给我们恬静的感觉。如图1-5所示。

图1-5　田园风格花店

图示说明：

这是一款回归自然的设计，流露出一股田园的气息，整体布局很简单。当然，这只是其中的一角，它的特别之处在于美丽的鲜花缠绕着建筑，搭配上一些精美的饰品融入其中，让整个空间充满了舒适的生活氛围，想必这是许多现代人所追求的清新自然、恬静的感觉。

（2）欧式风格。欧式风格的花店装修强调以华丽的装饰、浓烈的色彩、精美的造型达到雍容华贵的装饰效果，但是给人感觉却不复杂，雍容华贵且淡雅大方。如图1-6所示。

图1-6　欧式风格花店

图示说明：

图1-6中这个花店装修，它没有过分地强调华丽或浓烈的色彩，只是搭配了一些简单的造型与家具，虽然没有雍容华贵的效果，但是却能够感觉到整个空间中满溢着淡雅大方的气息。

（3）自然风格。自然风格的范围很广，但是对于花店来说自然是对花店的最好诠释。在设计上讲求心灵的自然回归感，给人一种扑面而来的浓郁气息，自然清新最怡人。如图1-7所示。

图1-7 自然风格花店

图示说明：

图中花店描绘的是追求自然风的设计，它的整体用色为原木色，这是对自然的最好诠释，是追求心灵自然回归感人群的最爱，远远地就能够感受到一股扑面而来的浓郁气息，清新怡人。

（4）韩式风格。韩式风格的花店装修婉约温柔中带着坚忍，往往给人以唯美、温馨、简约、优雅的印象，柔美的色彩绽放在小巧的空间里，使紧凑的空间拥有更加灵动的感觉，是一种美的享受。如图1-8所示。

图1-8 韩式风格花店

图1-8中这个花店设计整体给人很温馨的感觉，柔和的装饰色彩＋各类可爱的布偶玩具共同营造出了一种唯美、温馨、简约且优雅的气息，各色花卉绽放在小巧的空间里，让原本紧凑的花店变得灵动了起来，走进花店会是一种不错的享受。

3. 装修技巧

新开花店要想在激烈的竞争中脱颖而出，离不开新颖别致的装修设计。

（1）充分利用立体空间。把立体空间充分利用起来，以增大有限的使用面积，这是个不错的办法。使用各种质地的架子以及悬挂用具等都是填充立体空间的方法，但在布置效果上会稍显死板。如图1-9所示。

图1-9　店铺装修效果截图

可以以一块主要墙壁为背景做一些高低不同的立柱，在墙壁上做些半圆形的突起，把一盆盆绿色观赏植物摆放其上，错落有致，不仅使原本的墙壁充满了生气，起到美化、装饰的作用，还充分利用了立体空间，使植物摆放的数量增加了，可谓一举两得。

 开店锦囊

花店空间大小不是主要因素，最重要的是彰显个性，能给人过目不忘的印象，为花店吸引最初的客源。

（2）巧用玻璃镜面。花店的装修主要体现在花团锦簇这个词，想要达到这样的效果，那么只需一个办法，就是多装一些有反射功能的玻璃镜面，安装玻璃镜面会让小型店铺装修空间在视觉上变得宽敞，而且通过镜子反射也让花朵的数量增加了一倍。玻璃门当然是少不了的，这样一方面做了广告效应，二来对鲜花也是一种保护。

另外，如果花店以后打算做批发零售店，可以考虑在店面前庭适当装修后，后庭做仓库用，以减小装修费用。

（3）色彩的搭配很重要。如果我们走进一家小花店的话，虽然感觉眼前花开烂漫，但是却很难发现每束花的独特美感，就不会勾起我们的购买欲望，这时候在花店装修的时候花店布置就显得很重要了，色彩的搭配很重要。要让你的花朵们有亮点，有特点，才能让人们发现买点，自愿掏腰包。因此，店内的装修以单色背景为主是创造简洁、明快氛围最保险的办法之一。

开店锦囊

高低错落的摆放是个好方法，而在进行小型鲜花店铺装修的时候，也注意不要把颜色弄得太复杂，喧宾夺主就不好了。

（4）合理预算资金。新手经营者在装修时，还要必须考虑的一个问题是资金。如果资金并不是很充裕，可以尽量从以下几个方面节省资金。

首先，可以在门面外观的设计，商品摆放的陈列柜台、地面、墙面、天花板的色彩上多做文章。在色彩不失真的前提下，造型上力求简洁、大方，尽量降低装修材料的成本。

其次，在不影响质量的前提下，还应该尽量降低人工成本。

最后，在灯具方面，可以自己制作一些工艺性的灯具，既可以作为商品出售，同时还能起到装饰的效果。

五、相关证件办理

花店的店铺定好后，就可以去工商局进行工商注册，办理营业执照了。可以根据你的需要注册个体工商户或公司。

 **开店锦囊**

工商注册可以让你的花店正规运作，同时也对花店名称起到保护作用。

1. 税务登记

办理营业执照同时需要在税务部门办理税务登记。目前很多地方实行了"多证合一、一照一码"，也就是工商注册和税务登记一起就办理了，不用去多个部门分别办理。工商注册税务登记一般需要租房合同和个人身份证，可提前咨询当地工商部门了解办理流程和需要准备的资料。

2. 注册商标

另外，如果想做好自己的品牌，可以考虑注册商标，注册自己的商标可以在全国范围内对自己的品牌进行保护，并增加投资合股的品牌估价。注册商标需要提供营业执照。各地都有商标注册服务公司，也可以选择知名的商标代理网站进行商标注册。

第二章
货源采购

第二章
货源采购

导语

有了可靠、稳定的货源，就像是有了最坚强的后盾，花店经营者接下来就可以集中精力提高自身的插花、包装、花艺设计水平，为消费者提供更满意的服务，以争取赢得更多的客户，赢得更多的销售利润。

一、获取货源信息的途径

作为花店经营者必须及时敏捷地最先感受和把握花卉市场信息和发展趋势，从中获取花店的进货信息。一般来说，获取货源信息主要有如图2-1所示的几种途径。

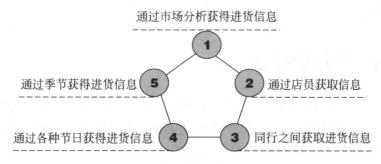

图2-1 获取货源信息的途径

1.通过市场分析获得进货信息

无论做哪一行生意都有市场流行趋势。如服装行业在每个季节都有不同的流行款式和颜色。花卉市场也如此。新花材每年都是层出不穷，顾客一般都具有从众心理，因此了解花卉市场的趋势对经营花店来说是相当重要的。

2.通过店员获取信息

花店的店员是最好的进货信息来源。由于店员每天都在与形形色色的顾客接触，在交谈中就能获得许多顾客的要求和意见方面的信息，从而了解到哪种花卉畅销，对花卉品种有什么新的要求等，这些都是鲜花店最宝贵的进货信息。

3.同行之间获取进货信息

都说同行是冤家，其实也不尽然。同做花卉生意，大家所了解的花卉信息各不相同，如果能够集思广益，互相探讨，那么进货的信息就广而全，就更有利于鲜花店的经营。

4.通过各种节日获得进货信息

节日是花卉销售的旺季，因此每个节日到来之前一定要做好与节日有关的进货目标，如情人节就要大量进购各种玫瑰以满足节日需求。

5.通过季节获得进货信息

花卉也是季节性较强的商品,不同的季节花卉流行的品种也不同。

如春季流行暗香飘动的梅花、国色天香的牡丹,夏季流行茉莉、栀子花等,秋季流行傲骨迎霜的秋菊、丹桂等,冬季流行腊梅、圣诞花等。

进货信息的掌握直接影响花店的经营状况和收入,所以花卉进货信息的获得要随时随地获取,并有计划地安排花卉进货,千万不要措手不及,眼巴巴看着金钱流走。

二、鲜花的进货渠道

在寻找供货商时要权衡花卉供货商所处的位置与鲜花店所在地区的距离远近。从经济方面考虑,应尽量节约花卉进货的费用,以提高经营利润。一般来说,鲜花的进花渠道有以下几种。

1.全国各大花卉批发集散地

花卉批发集散地是最理想的供货场所,它经营各种花材,是鲜花店的首选供货商。这类市场经营的花卉品种齐全,时间上比较灵活,而且能准确地把花卉发送到客户手中,在运输、保管、包装、装卸方面部比较完善。

如果你的花店是规模比较大,而且档次比较高的话,可以加强对外合作,跟国内的一些大型鲜花生产基地合作,比如说云南的昆明就是全国知名的鲜花生产基地,这里生产的鲜花种类很多,直接合作还能节省中间代理商的差价,成本比较低。

 开店锦囊

跟国内大型的鲜花生产基地合作,前提是你的店足够大,或者是你有自己的分店等,可以消化足够多的鲜花,毕竟这样单次的进货量是很大的。

2.本地花卉市场

鲜花店进货的环节越少越好,这样能节约很多资金。从本地花卉市场进货是最理想的花卉进货方式。在鲜花店进货时要注意的是能从一级供货商处进货,就不要从二级、三级花卉供货商那里进货。

（1）批发市场进货的优劣势。批发市场进货的优劣势如图2-2所示。

产品的种类很多，而且里面的批发商家有很多，不管你是想要高档的鲜花还是低档的鲜花，都能找到合适的

同样的产品，在价格和质量上差别很大，这就需要掌握更多的鲜花批发商家的价格资料，货比三家，选择性价比最高的

图2-2 批发市场进货的优劣势

（2）批发市场进货的注意事项。当你选择从鲜花批发商那里进货时，要注意不同的商家其代理的商品质量各有差异。

比如，张三代理商的百合质量很好，而且款式也很多，但是在玫瑰的质量和种类上就差一点，而李四则是在玫瑰的代理上比较专业，而百合就次一点。

这样的话就选择跟两者合作，选择他们质量最好的产品，并且将这些人慢慢地发展成为你的长期稳定货源，这样就能慢慢地解决你的货源问题，你就能将更多的精力放在花艺和销售上。

开店锦囊

在确保花卉品种齐全、质量过关的前提下要就近进货，尽量减少运输费用，降低鲜花店的经营成本。

3.本地花草苗木种植园

这是花卉培植基地，一般生产的都是比较常见的鲜花，鲜花的种类也比较单一，但是价格能便宜很多，而且新鲜度也能保障。

如果是在情人节等节日用花大增的时候，就近跟这样的鲜花生产基地合作的话，可以很好地缓解销售需求。

4.上网查询相关网站

现代社会是信息化高度发展的社会，鲜花店的经营者在寻找花卉供货商时要充分利用网络。规模较大的花卉市场都会有网站，上面会介绍花卉品种等多方面信息。通过网站可对其有一个初步的了解，也可从中选择最合适的供货商。

相关链接

中国主要鲜花产地

就目前花卉产业的发展规模而言，我国已经成为世界上最大的花卉生产基地。浙江省以花卉种植面积14.52万公顷跃居全国之首。其次是江苏省，花卉种植面积14.16万公顷。河南省花卉种植面积11.80万公顷，位列第三。除了早期自然形成的花卉生产外，随着市场经济的不断深入，由市场拉动与政府引导形成的商品花卉产区也得以大规模发展，这一特点在我国不少花卉主产区都得到体现。

众所周知，云南是我国当之无愧的鲜切花生产大省。云南种植面积达1.12万公顷，生产面积、销量、销售额分别占全国总生产面积、总销量和总销售额的21.86%、39.39%和23.57%。除了鲜切花这一当家产品，经过多年发展，以鲜切花、种用花卉、地方特色花卉、绿化观赏苗木和加工用花卉为主的多元化产业发展格局基本形成。如云南地方特色花卉种植面积达0.31万公顷，总产量3.2亿株，总产值93.7亿元，成为云南花卉又一拳头产品。绿化观赏苗木种植面积为0.58万公顷，产量12.7亿株，产值1.7亿元。种球、种苗生产面积达0.07万公顷，产量超过1亿粒，鲜切花种苗近5亿株，非洲菊、月季、康乃馨等种苗占国内60%以上的市场份额。药用、食用等加工类花卉种植面积超过2.67万公顷，其中食用花卉栽培面积0.13万余公顷，产值达2亿元。这些数据真实地反映出，云南花卉产业的多元化发展势头不容小觑。如今，云南能够拿得出手的产品不再仅是鲜切花，大花蕙兰、铁皮石斛、山茶花、高山杜鹃、国兰、永生花等一大批云南特色产品也正步入产业化发展轨道。

江苏是我国传统苗木大省，近几年观赏苗木种植面积排名一直名列前茅。近年来，江苏以推进实施高效设施农业项目为导向，促进全省加快发展高档盆花、鲜切花、盆景的标准化生产，并取得了显著成效。江苏观赏苗木种植面积11.70万公顷，持续成为江苏省花木产业主体。鲜切花生产面积2779.20公顷，产量7.73亿支。盆栽花卉生产面积7807.0公顷，产量达4.85亿盆。苏州盈年农业发展有限公司、江苏润州超群花卉有限公司、常州家绿林果园艺有限公司等公司生产的红掌、蝴蝶兰、凤梨产品远销全国各地。如皋盆景也在全国打出了一片天地，目前"如皋盆景"已是国家地理标志证明商标，如皋盆景技艺也成功入选国家级非物质文化遗产代表性项目名录推荐项目。声名鹊起的盆景，带动了如皋花木产业的蓬勃发展。

三、鲜花采购要点

鲜花的采购对开花店来说非常重要，店里花材是否新鲜决定了顾客的满意度和店里的成本。

1. 新鲜度的鉴别方法

到花市去选购花材的时候，除了要注意花材的开放程度，更要注意花材的新鲜程度，因为它关系到插花作品寿命的长短。鉴别花材的新鲜度可通过如图2-3所示的方法来判别。

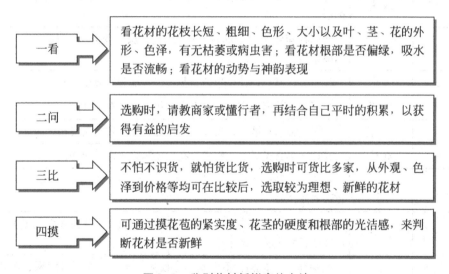

图2-3　鉴别花材新鲜度的方法

2. 鲜花采购标准

如果选购回来的花花期短，很快就萎蔫了，只能扔掉，这既增加了采购的频率，又浪费了钱。因此，经营者在选购鲜花的时候要从以下几方面来进行参考。

（1）花瓣要有弹力，颜色应鲜艳，没有变焦黄。

（2）花萼充实，花瓣繁多，花朵才会开得茂盛。

（3）花蕾不能太实，否则可能有"不开"的现象。

（4）叶子要青绿、坚挺、繁密而有弹性，显示花卉营养充足。

（5）花茎尾部必须硬，选择时要取茎尾没有腐烂迹象、无腐臭气味的。

（6）花形不宜过小，过小的原因是由于除去外围残缺的花瓣所致。

（7）同一种花材，最好选取有蕾又有大花的，这样插出来的花才能长时间保持其丽质。

（8）花茎不宜过短，否则可能因长度不足而使插花过于细小。

3.部分鲜花的判别标准

花除了有大致相同的选择方法以外，在具体选择下列各种不同花材的时候还可以有一些独特的鉴别方法。部分鲜花的判别标准如表2-1所示。

表2-1 部分鲜花的判别标准

序号	鲜花品种	判别标准
1	玫瑰	宜选用尚未开放的花朵，花朵充实有弹性，花瓣微外卷，花蕾呈桶形
2	剑兰	露色花苞较多，下部有1～2朵花开放，花穗无干尖、发黄、弯曲现象
3	菊花	叶厚实、挺立，花朵半开，花心仍有部分花瓣未张开
4	康乃馨	花半开，花苞充实，花瓣挺实无焦边，花萼不开裂
5	扶郎花	花瓣挺实、平展、不反卷、无焦边、无落瓣、无发霉现象
6	红掌	花片挺实有光泽、无伤痕，花蕊新鲜、色嫩、无变色、不变干
7	兰花	花色正，花朵无脱落、变色、变透明、蔫软现象，切口干净，无腐败变质现象
8	百合	茎挺直有力，仅有1～2朵花半开或开放（因花头多少而定），开放花朵新鲜饱满，无干边
9	满天星	花朵纯白、饱满、不变黄，分枝多、盲枝少，茎秆鲜绿、柔软、有弹性
10	勿忘我	花多色正、成熟度好、不过嫩，叶片浓绿不发黄，枝秆挺实，分枝多、无盲枝，如有白色小花更好
11	情人草	花多而密集，花枝柔软有弹性，枝形舒展，盲枝无或少，如有较多淡紫色开放的小花最好
12	郁金香	花钟形，饱满鲜润，叶绿而挺实、不反卷
13	黄莺	叶绿，花黄，花含苞，花穗饱满，茎挺直，叶新鲜不干、不蔫软

四、鲜花采购需考虑的因素

花店的经营项目以鲜花及花艺作品为主，以礼品和人造花等其他商品为辅。鲜花的生产、销售和保鲜受外界因素的影响相当大，因此花店经营者在采购鲜花时要考虑以下因素。

1. 季节的变化

季节的变化是影响花店经营的重要因素之一。

就北方地区而言，冬季鲜花生产困难较大，需要做加温和保温处理，投入比较高，有时不得不从南方辗转进货，所以鲜花的批发价较高。虽然一般这时鲜花消费量比较大，销售利润也很可观，但是需要较多的流动资金支持。而夏季鲜花生产容易一些，投入也小一些，生产成本就降下来了，花价也相对比较低，不过因为气温高，增加了保鲜的难度，鲜花报损率较高，经营成本不见得能够同时降下来。那么，怎样把握进货尺度呢？

在季节转换时，可以遵循这样的进货原则：由夏季向秋季过渡，一直到初冬这段时间，花价应该呈上涨的趋势，因此每次进货可以考虑比正常量增加5%～10%；而由冬季向春季过渡，一直到初夏这段时间，花价应呈下降的趋势，可以采取适当增加进货次数、每次减少进货量的方式来降低进货成本。

2. 节日的影响

鲜切花行业的销售高峰期总是集中在全年中的各个节日前后。对花店零售额有明显影响的节日一年有15～20个，这其中既有我国的传统节日如春节、清明节、中秋节、重阳节等，也有进口的"洋节"，如情人节、母亲节、圣诞节等，还有其他一些法定节日，如国际劳动节、国庆节等。甚至一些民俗中的特殊日子，如"鬼节""送灶"等，对花店的销售情况也有不小的影响。

一般而言，不同的节日虽然都会使花店的销售额有所上升，但其影响的程度是不一样的。

比如，春节、情人节、中秋节和圣诞节等，可能给花店带来比平日高数倍甚至数十倍的营业额；而母亲节、父亲节等，只是使花店的生意比平时略好一些而已。

另外，有些节日可使花店内经销的许多种商品（各种鲜切花、礼品和绢花、干花）的销售都有所增加，而有些节日却只影响其中的某几种商品。

比如在情人节期间，鲜切花销售量最大的一般是玫瑰；而母亲节时，销售量最大的将会是康乃馨。

因此，作为一个花店经营者，了解各个节日对花店经营的影响是非常必要的。作为经营者，应当根据自己店内平日的销售情况，预期不同节日里的销售前景，估算对鲜切花的需求量，以合理地安排进货。同时也要考虑好以下几个因素。

（1）安排进货时，不能单纯考虑进花量的增多，还要考虑因为鲜切花需求量的增大，其批发价也会有所浮动。是否考虑将进花日期提前，尽可能减少因涨价而增加的成本。

（2）增加了进花量之后，是否有储存这些鲜切花的能力？是否有把握使鲜切花不会因保鲜措施跟不上而报损？

（3）节假日期间，还应当考虑店内是否需要增加人手。以免到时面对一大堆鲜花和高流量的顾客，却因缺少帮手而无力将商品销售出去。

3.本地的重大活动

季节和节日对花店经营状况的影响是很大的，而对地处某一特定位置的花店而言，区域性的重大活动也会对经营状况产生一定的影响。

所谓区域性的重大活动，是指在花店所在的地区内，政府或大、中型企事业单位和机构组织的庆典、会议、展览、促销以及民俗庆祝活动等，比如开业、展销会、艺术节、庙会等。

这些活动的组织者或参与者一般都会寻找一两家礼仪公司负责现场布置和活动的整体策划等工作，其中经常有花卉装饰的内容。有的组织者和参与者也可能直接委托花店来完成这部分工作。

重大活动的花卉装饰主要包括庆典花篮、迎宾插花、贵宾胸花、会场花卉装饰布置等。

对中、小型花店来说，承接这种活动的花卉装饰布置，是增加销售量和获取较大利润的好时机。作为一个花店经营者，应当对这类活动特别注意，随时搜集有关信息，尽量不放过这样的机会。不过这一类活动对花店的实力和花艺制作水平也有较高的要求。

大型活动一般花卉用量大，花艺制作的工作量也比较大，而留给承接工作者的准备时间往往很短，且通常需要到现场加班加点地突击工作。

因此，作为花店经营者，若想承接这样的业务，也需具备如图2-4所示的条件。

| 条件一 | 要有组织货源的能力，既要有资金，又要在短时间内调进货来 |

| 条件二 | 要有较强的人员组织能力，在有限的时间内调集足够的人手协助工作，而这些人员中要有足够多的人具备一定的花艺制作技能，以保证按期高质量地完成工作 |

| 条件三 | 还要对工具、辅助材料和交通工具、加班时的餐饮等后勤服务的安排有通盘的考虑 |

图2-4　承接大型活动花艺制作需具备的条件

五、鲜花采购的注意事项

由于鲜花保鲜期非常的短暂，采购的时候稍有不慎，就有可能对花店后期的经营有着非常不利的影响。因此，在采购时，经营者需注意如图2-5所示的几点。

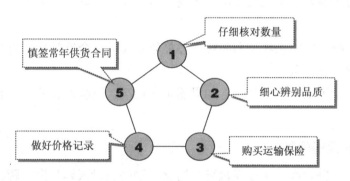

图2-5　鲜花采购注意事项

1.仔细核对数量

"夹条"是花市上非常常见的现象，它指的是在一扎花中间夹上一两枝枝条特别短的花，甚至是把已经掉了的花头再用胶布绑在枝上，特别是像扶郎、玫瑰这样的花，常会发生这种现象。如图2-6所示。

这是供货商在采摘或者运输过程中不小心损坏了花，却想把损失移嫁到花店身上而用的手段，所以经营者在花价不菲、时间又允许的情况下，最好能从根部数枝条，与花头数对照，常常就能识穿上面的诡计，避免遭受不必要的损失。

图 2-6　正常玫瑰与"夹条"玫瑰

2. 细心辨别品质

花不够新鲜也是让花店经营者们比较头疼的事情。在鲜花旺季来临前，供货商知道花价定会上涨，于是就会将新采摘的鲜花放入冷库中囤积。而冷冻过的鲜花，花期较短，颜色易变淡，不耐久放。识别冷库花，可以靠一双慧眼仔细观察。

比如，冷库花的花蕊（尤其是康乃馨的花蕊）中会有较明显的水珠，而冷冻过的玫瑰则会烂瓣。

另外，用手试着捏捏花头，如果感觉不饱满，硬度差，就有可能是久放的鲜花。

3. 购买运输保险

鲜花在运输过程中也存在风险，短途运输的提货很容易出问题，比如漏提货或是拿错货。如果花店与运输方签订的合同不够正规，出了问题就很难追究对方的责任，有损失也只能自己独自承担。如果日常经营中屡次遭遇这样的事情，长此下去也会对花店造成不小的损失。

因此，为了避免这种损失，经营者可以为货品购买保险。无论采取哪一种运输形式，都可以找到它的托运部办理保险。

4. 做好价格记录

在规避采购花材中可能会遇到的风险后，接下来就要考虑采购的进价。对于花店经营者来说，应做好花的价格记录，随时掌握花价信息，研究市场花价起伏规律，从而掌握销售的主动权，这样才能在日常经营中获得尽可能多的利润。

5. 慎签常年供货合同

大中型花店看重独家产品和优质产品，常会放弃从本地市场进货，直接找知名企业或鲜花基地进货。一旦找到好产品，欣喜之下就会与对方签订常年供货合同。不错，大部分企业在淡季都能保证供货，这时虽然市场上有丰富便宜的花材可选，花店也会甘心承受合同方的高质高价，为的是旺季来临时能出奇制胜。然而，到了旺季花店需要进好花的关口，供应商就有可能在产品供不应求的情况下，只重视大客户，而轻视花店小客户，停止或减少向单家花店供货，从而使花店遭受损失。

因此，花店经营者不如在平时多结识一些供货商，在真正需要进好花的时候可以与对方交易。

六、花器及辅助品的采购

除了花材之外，花店的日常经营离不开花器及一些辅助品。

1. 花器

花器主要是指花盘、花瓶、花钵、花篮等放置花材的容器，而辅助材料则主要包括花插（又称剑山）、花泥、花托、卡片和卡片夹、丝带及丝带花等。

插花的花器有玻璃瓶、竹编花器、陶器花瓶、塑料桶、木桶等，还有柳编、竹编和藤类的花器。适合花店颜色需求的瓷盆、瓷盘也是很有个性的装点，另外也可以用木盆、铁桶等，水桶要选择适合本店颜色的水桶盛花。对于易生锈的铁桶和竹编类花器，可以在里面套上玻璃瓶盛水。这项投入可多可少，一般300元左右足够，而且是一次投入，长期使用。

2. 包装材料

包装材料有缎带、纱网、不织布、包装纸、彩带、节日签、蜡烛台、条幅等几类。其中一些国产和韩国的产品，价位适中。高档的包装材料一般产自德国和日本，从色彩、质地到设计都近乎完美，与花艺设计恰当搭配起来，相映生辉。

这方面的投入，一次在300～400元。如果走高档路线，则要投入几千元采购进口包装材料，但可以长期使用，如有些缺货，随时补充。

开店锦囊

这些辅助材料的进货,可以不用着重在价格,更重要的是其独特性,尤其是包装方面的材料。要知道,一个漂亮的包装有时候甚至比花朵本身更能吸引顾客的注意力。

 相关链接

花店必备的花艺工具

工欲善其事,必先利其器。花店开业后就要经营,没有剪刀怎样修理花枝,没喷壶如何保鲜花朵,所以开店准备时一定要把这个细节做好,现在流行的话说得好:细节决定成败。顾客一看你连喷壶都没有,一定会觉得你的花也好不到哪里去。花店的工具比较琐碎,但是缺一不可,而且还要适合顺手,这些工具天天要用,不顺手怎么行,下面就介绍一些选购工具的实用技巧。

1. 剪刀、小刀

每间花店最好多准备几把剪刀和小刀,要保持锋利,由于每一个人的习惯都不同,所以先要试一下再买,买的时候要选一个适合自己用的型号。

2. 花瓶

花瓶可以分两类,第一类是把花店卖的花放在里面,让客人可以方便地挑,这些花瓶的颜色最好跟花店的装修风格相配合。第二类的花瓶是销售的,它们可以是各式各样的,放在店内可插制成作品或直接销售。

3. 花泥

花泥的种类很多,现在一般都是分两类:干花花泥和鲜花花泥。一般经济条件许可时各种形状的花泥都应有些储备,以便顾客要求插制作品时选用。鲜花花泥的提前浸泡也应该是每天的必行工作。

4. 铁丝

粗细铁丝都需要,是做花球、襟花和花篮等造型用的,店内很多杂事中也少不了铁丝。

5. 丝带、珠串、花托

丝带、珠串、花托等包扎物,能给作品增色不少。各种颜色、型号、档次的丝带最好都有一点，用来配衬花篮和花束用。

6.包装纸、纱网

现在包装纸的样式越来越多，并且韩式的、泰式的常常在变，也是最好各种颜色和型号都有一些。

7.喷水器

至少要有两到三个。

8.寄语卡片、插签

配合花篮、花束用，也可印制写有本店地址、电话等内容的顾客卡，方便顾客留存，具有广告效果。

9.清洁工具、水桶

用来保持花店的整洁。后者还用于浸泡鲜切花。

10.文具

一般的纸张、单据、发票、信封、胶带、签字笔、写缎带的金粉、墨水、毛笔等常用文具都应有备份。

11.其他

像气球、胶水枪、热熔胶枪、鲜花用的颜色染料、洋娃娃以及可以与花搭配销售的小饰品等，也不可忽视。备用量可视销量而定。

七、进货成本控制

在经营中节约成本的一个重要渠道就是控制进货的成本。经营者不能盲目进货，一定要明确需要采购的物品以及每件物品需要的资金。优化进货管理，做到良好的进货成本控制，对于花店的长久经营，特别是初期经营，是十分重要的。

1.掌握货品的进价

花店的经营需要根据市场行情，确定自己所需货品的进价到底是多少，最忌盲目跟风。现在货品的价格基本都由市场决定，而市场往往瞬息万变，在不同的时间段有不同的价格。

比如，百合花的价格发生了较大的变化，那么就说明百合花在市场上的供需发生了变化。这个变化不仅会影响产品的进货价格，也会影响产品的销售价格。

随着市场的不断变化，花木业已经从卖方市场转到了买方市场，从刚发展起来的初期暴利时代进入到现在的微利时代，花卉市场的行情也是一直在变化着的。因此，经营者要密切留意花卉市场的动态和行情，研究花卉进价的起伏定律，这样才能在经营中掌握花卉销售的主动权。

通常一个有经验的经营者会通过如图2-7所示的途径，了解花卉的价格变动。充分利用这些渠道和方法，及时了解当前的花卉价格，才能顺利掌握进价，不至于在进货这一环节浪费不必要的金钱。同时，也为自己获取更多的利润打好了基础。

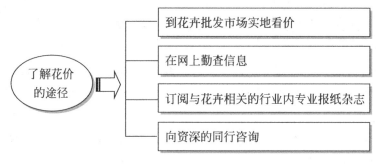

图2-7　了解花价的途径

2.掌握进货周期

进货周期是指花店经营者，根据以往的销售经验，计算出来的有一定规律可循的进货日期。也就是指需要多长时间从花卉批发市场购买一定数量的花材。如果这个周期计算不够准确，将会出现如图2-8所示的两种情况。

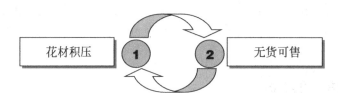

图2-8　进货周期计算不准的后果

这两种情况都会给经营者造成损失。所以说掌握进货周期这个经营环节是十分重要的。

如何把握进货周期，需要有力的措施，建立销售账目。这样运行半年至一年以后，就可以根据账目掌握进货周期。

开店锦囊

进货周期也会有一定的变化,例如承办大型会议用花,大型开业典礼等,出货量突然增加;反之,因气候或不吉的日期等,出现婚嫁人突减的现象。这就需要花店的经营者做有心人,既要从宏观上调控,又要从细微处着手了。

3.掌握进货量

如果不能准确地掌握花卉的进货量,进货周期就如同虚设。进货周期为进货量提供了保证。一定的进货量在鲜花保鲜期内基本销售完毕,可以说这个进货量是比较准确的,进货周期是一个基本框架,进货量才是里面的基本内容,它比进货周期要复杂得多。这是由花卉品种繁多,花卉保鲜期不一样所决定的。

比如,月季、康乃馨的保鲜期在夏季时为4天,而唐菖蒲、非洲菊只有2天,配叶等如蜈蚣草、铁树叶、蓬莱松等则更长一些。即便是月季,因花型、花色不同,保鲜期也会有差别。

这就需要经营者掌握一定的花卉知识,同时准确地把握市场供需情况,合理搭配进货量。计算准确的情况下,可以降低运输成本,对花店经营者更为重要。

比如,夏季常温下4天可进月季、康乃馨一次,2天进唐菖蒲、石斛兰一次,配叶可参差进货,在常规的基础上还需随时调整突发事件的出货情况。

4.掌握进花材的方法

花店经营者要经营的产品是花,控制好花的进货是低成本经营中非常重要的一环,所以经营者必须熟悉与进货相关的各类信息,减少损耗,以增大营业额。

(1)遵循适量原则。对花店来说,进货太少将供应不了顾客的需求,而进货太多又会造成不必要的浪费。经营者要根据自己的销售能力来制订进货计划,就算遇到忽然降价的高价花卉,也不能一时冲动大量进货,还是要根据自身的经营情况确定采购花材的档次和种类。

(2)采购花材要勤。花店做的是新鲜花卉的生意,最忌一次性大量进货囤货。要想让自己的花店旺起来,采购花材不得不勤。所谓"勤",就是要勤往市场跑，看看市场上有哪些新货，哪些花受欢迎等。当然也可以优先掌握花市上的价格变化，根据价格信息来决定采购计划的实施。

（3）淡季要谨慎。在淡季，社会需求量很少，花材上市量大，价格相应也非常低。同时，由于气候等原因使花材难以保存。这个时候，切不可贪图价格便宜而大量进货，相反要更加谨慎，采取多次少量的进货方式。

开店锦囊

优化进货管理，切忌冲动。不能别的店进什么货，自己也跟着进什么货，这样只会让自己的店永远跟在别人后面。

八、网络采购

在电子商务飞速发达的今天，对于花店经营者来说，还可以在网上采购鲜花、花盆、花肥及各种辅助用品。

1. 网络采购的优势

与传统采购方式相比，网上采购具有如图2-9所示优点。

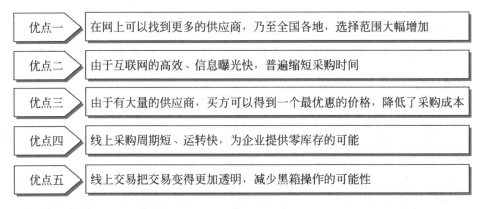

图2-9 网络采购的优势

2. 网络采购平台

对于花店来说，可供选择的网络采购平台有很多，下面主要介绍几个常见的采购平台。

（1）阿里巴巴1688.com。阿里巴巴1688.com以批发和采购业务为核心，通过专业化运营，完善客户体验，全面优化企业电子商务的业务模式。图2-10为阿里巴巴1688.com网页截图。

图2-10　阿里巴巴1688.com网页截图

目前1688.com已覆盖原材料、工业品、服装服饰、家居百货、小商品等16个行业大类，提供从原料采购——生产加工——现货批发等一系列的供应服务。

（2）斗南花花。斗南花花是云南春必达花卉有限公司旗下官网，是昆明斗南花卉批发及花艺教学的综合类销售服务网站。公司突出一站式服务，从指导甲方花卉品种选择、设计方花卉习性把握到施工方花卉打包批量供应提供全程顾问式解决方案。图2-11为斗南花花网页截图。

公司地处全国知名花卉批发市场斗南国际花卉批发中心，专业从事鲜切花批发，干花、永生花、盆栽贸易。公司主营鲜切花品种有：康乃馨、玫瑰、满天星、勿忘我、剑兰、百合、非洲菊、情人草、马蹄莲、桔梗、菊花等，并有现货供应。

图2-11 斗南花花网页截图

（3）完美鲜花批发网。完美鲜花批发网隶属于云南夏兰生物科技有限公司，是一个集生产、科研、种植、加工、批发、出口、零售、服务为一体的现代化规模化专业化的花卉企业。图2-12为完美鲜花批发网网页截图。

图2-12 完美鲜花批发网网页截图

完美鲜花批发地处昆明斗南国际花卉批发市场南区268号，这里距昆明主城区15公里，距昆明机场12公里，穿越南昆铁路，昆洛、昆粤高速。新建的地铁，环湖东路穿越斗南。具有得天独厚的地理优势和四通八达的便利交通。公司于2012年6月28号各股东合资注册，注册资金100万元。公司以"高效，互利，创新，专业"为原则，"以质量第一，诚信为本，合作共赢"为经营理念，致力打造中国鲜花批发第一品牌。

（4）花集网。浙江花集网科技股份有限公司旗下的花集网，作为鲜花订单交易的电子商务平台，一直致力于打造成花卉行业的门户网站。花集网汇集了全国数万家花商资源，范围覆盖全国34个省市自治区，无论搜寻的区域多么偏僻，都能惊喜地发现花集网会员的芳踪。图2-13为花集商城网页截图。

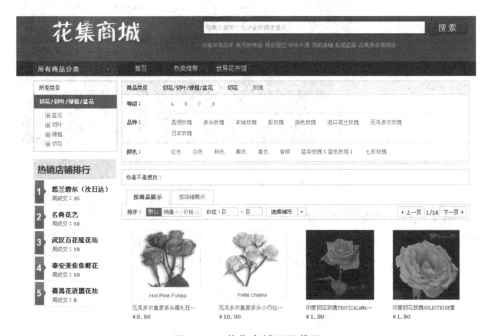

图2-13　花集商城网页截图

花集网实现了各地鲜花及花商信息的整合展示，为用户提供离目的地近、价格低廉、服务优良的花商信息，同时满足花店异地送花业务和日用品消费的需要，力求一站式完成用户的所有目标行为。

（5）昆明情义花卉。昆明情义花卉园艺有限公司，是一家走过15年鲜花销售与生产的花卉企业，拥有自主进出口权。公司成立之初，便将花卉市场的流

通作为主要课题来研究,走的是农户+公司+市场的运作模式,实现生产与销售的合理分工。图2-14为情义花卉网页截图。

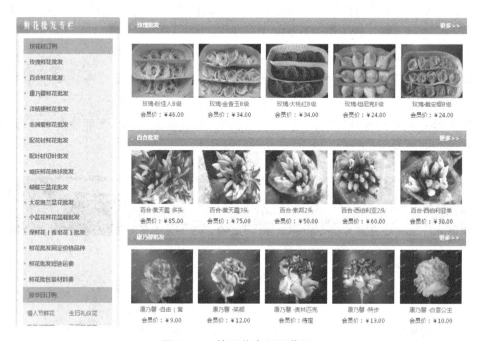

图2-14 情义花卉网页截图

情义花卉斗南批发部,地处春城花乡昆明斗南国际拍卖交易中心,专业从事鲜切花批发,进出口贸易。主营品种有:玫瑰、康乃馨、百合、非洲菊、马满天星、勿忘我、剑兰、情人草、马蹄莲、洋桔梗等。

第三章
花材养护

第三章
花材养护

导语

不同于家庭，花店有大量的鲜切花需要处理，而这些花材的养护与处理方法息息相关。鲜花养护的好与不好直接影响花期的长短，特别是对于一些新开的花店，如果不能很好地养护，那么高价进的花材，只能亏本处理。

一、花材进店后的常规处理

一般情况下，花材进店后，还需要做常规的处理工作，才能进入花艺的准备阶段。

1. 开扎处理

应立即打开包装，取出花材，防止挤压等机械性损伤。

（1）如果切花在最佳状态下运输，打开包装后只需把切花插入水中和保鲜液中。

（2）如果切花在超低温状态下运输，应首先检查有无低温伤害。应将切花先置于5～10℃温度环境中12～24小时，然后再转至较高温度下解开包装，以避免环境的突然变化，造成切花材的枯萎。

 开店锦囊

要注意轻拿轻放，以减少进店后的损失，尤其是红掌等贵重花材，需要双手同时拿起，将受虫害及已腐烂的部分摘除干净。

2. 修剪

（1）把切花平放在架子上，不要过于堆压。

（2）剪除花茎底部叶片，以防止瓶插中腐烂。

（3）花瓣若有枯萎现象，仔细剔除。

（4）花茎末端剪去2～3厘米，剪口呈斜面，以增大与水的接触面，促进水分吸收。

（5）剪后立即浸入水中和保鲜液中。

（6）最理想的方法是在水中剪切，以防止空气进入导管形成气栓，妨碍水分吸收。

（7）若花材新鲜度高，可减少操作，直接入水与保鲜液。

 开店锦囊

斜口45°利于操作，且能增大吸水面积；切口过平易贴住容器底部，导致无法吸水；切口过斜则伤口创面太大，易感染病菌。

3. 分门别类

为了销售制作中的方便，可按自己的需要与习惯选择位置摆放。

4. 保存

（1）将整理完毕的花材尽快浸入水中。

（2）入水不宜过深，以免水中部分腐烂。不同花材的浸水高度不一样，但最多不要超过30厘米。

（3）每日需换水。如北方冬季，还需防寒，以免冻伤花材，适宜花材休眠状态的温度4℃为宜。

 相关链接

常见鲜花的处理

1. 玫瑰

首先要预防花头弯曲的现象，可将茎基斜切，再用报纸包妥花叶，并将整把浸入水中吸水。对于已经发生折头现象，在温室中削去基部，插入pH3.5～4.5的保鲜液中便可恢复。货到以后，在整理时，可以先将松散的外瓣去掉，插入水中的刺、叶去除，这样是为了防止细菌感染伤口，泡水时最好使用漂白液或者是保鲜剂，这样能更好地延长花材寿命。

2. 百合

到货后的百合，拆箱后，将枝叶散开，使其透气，然后将基部剪去3～5厘米养水，在水面以下的枝干都要除去叶片；想要提早开花，可以插在温水中；同样水中加入漂白液或者保鲜剂可以延长花期。

3. 康乃馨

去除预插入瓶中的叶片，斜切基部后再插入水中，花枝间保持通风的良好，切记花朵不可喷水，避免腐烂，想要提前开花，可以重新剪花茎再插入20～24℃的温水保鲜液中；康乃馨对"乙烯"敏感，必须远离过熟的瓜果蔬菜，在水中加入抗乙烯的保鲜剂效果更好。

4. 非洲菊

先将根部切40°切口，再插入水中，添加保鲜剂效果更佳；一般可以用铁丝缠绕花茎，以矫正花型，但是这样做容易使花茎受伤，非必要时候建议不要用；不要直接喷水在花上，避免长霉，投入式插花，避免直接触碰花瓶底部，以利于吸水和避免细菌感染。

5. 洋桔梗

先整理花束，去掉不好的花瓣与断枝的花朵，去掉留在花瓶里的叶片，保留4～5片即可；将花束45°剪根并把花放入盛有保鲜剂的水中，并保持2天剪一次根；花瓶水位不能低于1/3，如有保鲜剂的应3～4天更换一次水。没有保鲜剂的则应每天换水。不宜放置于出风口与受风处，风吹容易导致鲜花脱水凋谢，避免阳光直晒。洋桔梗花朵不能喷水，否则花朵容易腐烂；在空调间，请将花远离出风口，吹空调风不能让花暖和或凉快，只会凋谢得更快；桔梗都有很多小花苞，一般正常花朵的花苞都是会盛开的。

6. 剑兰

剑兰在储存时，必须直立不要平放，避免花茎弯曲。重新剪花茎插入水中吸水，但是需要注意水中不要加入漂白水，避免叶片枯萎；将花序顶端的小花苞摘除，可以减少尖端弯曲，促进花苞开放，冷藏过的花使用时，插入保鲜剂的水中，开放效果较佳且更持久。

7. 大花蕙兰

大花蕙兰等兰花到货后要采取保鲜处理，尤其是已出现脱水症状的花材更要及时采取措施。处理方法是先在枝条底部切口，然后平放在盛满清水的干净器皿中，使花头连同枝条完全浸入水中，如果枝条漂浮于水面，可用重物将其压实，待5～10分钟后取出，花材便可重现生机。

8. 绣球

绣球的保鲜方法与大花蕙兰颇为相似。值得注意的是，绣球枝条切角后，要先抠出枝条内部的白色组织，以便它能顺利吸水。然后，再将其直立放入盛满水的干净器皿中，使花头充分没入水中吸取水分，这样，几分钟后，花材的脱水症状就可明显缓解。

二、花材的保鲜

鲜花的保鲜工作对鲜花店来说，是很必要的事情，只有做好保鲜工作，才能令鲜花新鲜持久，才能减少损耗，才能控制和降低成本。

对鲜花花材进行保鲜处理的方法有以下四种。

1. 延长花期

减缓花材生命运动速度，延长花期的主要方法是降低温度，减少阳光照射等。放置花的房间最好用产生大量红光的日光灯或日光灯和白炽灯混合照明，展示窗要避开阳光直射。

2. 让花材充分吸收水分

具体做法有以下几种。

（1）深水浸泡法。深水浸泡法是指利用水自身的压力促进花材吸收水分。具体做法是在插制前将鲜花插在深水中（仅使花头部分露在水面上）约20分钟，使花枝吸足水分。

（2）增加切口面积法。将花枝底部切口切成斜面或呈十字形纵切，以增加切口面积，使花枝吸收足够的水分，通过导管输送至花枝各部分。

（3）水中切取法。将花枝浸入水中进行剪切，可以防止剪切时空气进入枝茎导管内，形成气泡而阻碍花枝吸水。

（4）控制剪切高度法。根据鲜花的吸水能力来决定剪切高度，如剑兰等吸水性强的花材可保留较长的花枝，而玫瑰等吸水性较差的花材就要保留较短的花枝。

（5）叶面喷水法。由于花材主要是通过花枝切口吸收水分的，但花材的枝、叶、花都具有一定的吸收水分的能力，向花材喷水，一方面可促进花枝多吸收水分，另一方面可减少花材的枝、叶、花各部分水分的蒸发损耗，达到延长花材保鲜期的目的。因此，要定期向花材或花艺制品喷水，但菊花、康乃馨和百合、勿忘我、黄莺、百日草、扶郎花等品种除外。

3. 注意摆放位置

有许多内源激素可以加速花枝的老化，使花瓣卷缩、褪色、脱落，乙烯便是这样一种激素。由于水果在上市前大多经过乙烯的催熟处理，故花材或花艺制品附近最好不要摆放水果。

4. 使用切花保鲜剂

保鲜剂可以有效地延长花材的瓶插时间，并且操作简单，使用方便。切花保鲜剂的种类很多，市场上也有成品出售，但花店经营中为降低成本，最好自己调配。下面提供几种简单的配方。

（1）阿司匹林3片。

（2）硫酸铜5克，糖20克。

（3）硝酸铝3克，糖20克。

（4）硝酸银50毫克，硫代硫酸钠500毫克，糖20克。

（5）糖20克，8-羟基喹啉柠檬酸钠0.2克。

（6）糖10克，食盐10克。

以上各配方均应溶于1000毫升水中。

开店锦囊

在配制化学药品及花艺制作时，应使用玻璃或陶瓷容器，避免使用金属容器。

5.防止切口感染

主要采取定期补充新鲜水分和定期换水的方法。花艺制品的用水以天然水最好，用自来水时应放置一天再用，以防止自来水中的某些消毒物质对花枝的损害。为防止切口感染细菌，还可采取以下三种方法。

（1）切口烧灼法。对吸水性差的含乳汁及多肉的木质花材，剪切后应立即用火烧焦切口，如一品红、夹竹桃、橡皮树等，必须用火炙烧，才能制止乳浆的外流；否则，其花序及枝叶会迅速萎蔫，丧失植物本身的自然美。

（2）切口浸烫法。将花材基部切口浸入5~7厘米深的热水中2~3分钟，既可杀灭切口处的细菌，又可排出切口处导管内的空气。但应注意的是，浸烫时要将花材上部包好，以免灼伤。

（3）切口涂盐法。将少许食盐涂抹在花枝切口上。

相关链接

怎样抢救因失水过多而快萎蔫的花材

因失水过多而快萎蔫的花材，抢救得法，同样可以利用。对于开始萎蔫的花材，不要立即放入水中，应先将其摊在铺有席子的阴凉地上，并立即喷水,经2~3小时,待切花枝叶稍有舒展后,再用以下方法进行抢救。

1.浸泡法

把花材的花头露在水面,其余部分全部浸泡在水中数小时(具体时间视花材而定),使枝叶充分吸收水分,可使快萎蔫或刚刚萎蔫的大部分花材得以复鲜。

2.倒淋法

将花束在水中重新剪切后,即放在水龙头或者用水杯盛水倒淋,利用水向下流的冲力,迫使导管充分吸水。花材全部淋湿后,用纸包裹,仍倒挂或平放在无风且阴凉、潮湿的地方。

三、花材的护理

花店每天要处理的花材非常多,如果不懂得批量养护花材和叶材的科学方法,会影响花店的正常运作。所以经营花店,要懂得合理护理花材。

1.叶材的护理

叶材类通用护理法如下。

(1)在地上铺一张大纸板或者塑料袋,叶材平铺上面,喷水即可。每天翻一次,防止发黄、腐烂。

(2)也可以先在水里捞一下再放到纸箱子里养护,时刻保持湿度即可。

 相关链接

部分叶材养护方法

(1)栀子叶:放10厘米水即可。

(2)黄莺:需要把秆上的叶子清理掉,用报纸把头部包起来,防止脱水变干。

(3)水晶草:放10厘米左右水,不放水也可以做干花。

(4)蓬莱松:头部用报纸包上,喷水即可,根部放10厘米左右水。

(5)散尾:放10厘米水即可。

(6)春雨:同散尾。

(7)龟背:同散尾。

(8)排草:头部用报纸包起来,根部放10厘米左右水即可。

(9)叶上花(高山积雪):头部用报纸包起来,放三分之一水。

(10)常青藤:用纸包起来,喷水即可,根部放10厘米左右水,也可以整个泡水里,但是时间不可以超过三天。

(11)唐棉:剪根并且花头用报纸包上,根部放三分之一水即可。

(12)山苏(鸟巢厥):剪根放三分之一水。

(13)新西兰叶,一叶兰:剪根放10厘米左右水即可。

(14)春兰叶,浦棒(水烛叶):剪根放三分之一水即可。

(15)龙柳:剪根放三分之一水,不放水可以直接做干花。

2.切花的护理

(1)保持水质清洁,需每天换水,每天剪根露新茬。泡水的地方去掉多余的叶子。

(2)远离催热剂——乙烯,远离蔬菜和水果,因为它们会释放大量乙烯,导致鲜花衰败,同时已败落的花果及时清理。

(3)适宜的保鲜温度,普通花卉在5℃左右,热带花卉在10~12℃左右。

(4)注意摆放位置,夏天远离阳光直射,冬天远离风口。

相关链接

常见切花养护方法

(1)玫瑰:放容器的二分之一水。

(2)百合:放容器三分之一或者二分之一水,如遇脱水可以适当加多一些水。百合开放的花头,一律朝外摆放。

(3)康乃馨:放5厘米左右的水。

(4)太阳花:第一次拿回来的太阳花不可以剪根。发现有烂根之后再剪掉。放10厘米的水即可。

(5)剑兰:剑兰根部的叶子要清理干净,泥土要清洗掉,放容器三分之一水。

（6）紫罗兰：花瓣绝对不可以喷水，放三分之一水。

（7）金鱼草：同紫罗兰。

（8）菊花：花瓣不可喷水，放10厘米水即可。

（9）满天星：花头不可以喷水，容易变黄、变黑。用塑料袋罩上，根部放10厘米水即可。

（10）勿忘我：放10厘米左右水。不放水也可以做干花。

（11）红掌：可以直接用营养管，也可以去掉营养管，剪根放十几厘米水。

（12）洋桔梗：放三分之一水即可。

（13）天堂鸟：放容器三分之一水。

（14）黄金鸟：同天堂鸟。

（15）千日红：可以做干花，放5~10厘米水即可。

（16）蛇鞭菊：不易脱水，少放水，10厘米左右水即可。

（17）跳舞兰：不用拆掉包装，带着棉球养护即可，放10厘米水。

四、花桶的清洁

花桶可算是花店中最为常见又不可或缺的物品，鲜花到货后，常常是先放入花桶，然后再进入制作销售环节。而花桶在与鲜花的亲密接触中，往往会成为致使鲜花衰败的隐形杀手。这是为什么呢？

不少花店的花桶内壁，用手一摸会有滑滑的感觉。这是由于花桶内细菌的堆积而引起的，而细菌就是加速鲜切花衰败的重要因素之一。

从理论上说，水分和养分的补给对于鲜切花的继续生长至关重要，而其所需的水分和养分是通过木质部的导管系统供应的，这些导管一组一组地分布在茎秆中，它并不是上下贯通的，其间有着不同的阻隔物，水分和养分则要通过这些膜状物向上运送。因此，导管的阻塞程度就成为影响鲜花寿命的重要因素。而究其根本，细菌的滋生是造成导管阻塞和鲜花质量损失的重要原因之一。

以玫瑰花为例，细菌指数在109时玫瑰立刻萎蔫；在107时玫瑰会严重减少吸水；当细菌含量在105以下时，玫瑰可以保持良好的状态。

因此，正确清理鲜花桶是相当重要的。

1. 花桶的清洗

花店可以参考以下清洗方法。

（1）每周使用84消毒液彻底清洗水桶。清洗前要按照说明中的浓度稀释消毒液，然后将花桶浸于消毒液中泡10～20分钟，之后再人工清洗，这样才能达到杀死细菌的目的。而一般花店只用清水进行简单冲洗是达不到效果的。

（2）清洗后的花桶要叠放，因此，花桶的内侧与外侧全部要清洗干净，以防重叠污染。

（3）清洗干净的花桶不要马上使用，要待其自然风干。此时，千万不能用抹布擦干，通常情况下，抹布就是巨大的细菌源。

（4）花桶在储存时应该桶口向下倒放，以防存储期间被污染。

2. 花材的清洁

花茎是活体，造成了其本身就是重要的微生物来源，因此，我们更要尽量减少其他细菌的产生。正确的花材打理与清洁也可以减少细菌的繁殖，其方法如下。

（1）将花材的下部叶片去掉后再放入花桶中，因为叶片浸在水中会成为巨大的细菌源。

（2）打理花材的过程中不要伤到花茎，因为创伤口是细菌滋生的好地方。

（3）再次剪根至关重要。通常脏物都聚集在花茎底部，因此，从根部剪掉2～5厘米能去除很大的细菌源。

 开店锦囊

使用保鲜剂可以有效抑制细菌生长，促进水分吸收，为鲜花提供生长所必需的养分。但要注意正确的浓度配比，不要将新配制的保鲜液与在用的保鲜液混合使用。

五、鲜花的储藏

决定鲜切花耐储性的因素有两个，即鲜切花的遗传特性和储藏期间的外部环境条件。一般在生产中通过调节与储藏有关的温度、空气相对湿度、光照和乙烯等环境条件,来延长储藏期,并保持其优良的品质。目前采用的储藏方法有如图3-1所示的几种。

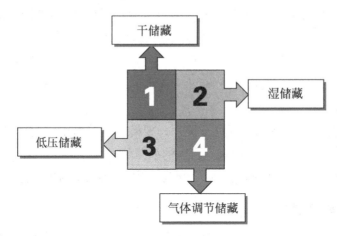

图3-1 鲜花的储藏方法

1.干储藏

干储藏的最大优点是鲜切花储藏期较长,节省储库空间;缺点是储藏之前需对鲜切花进行包装,要花费较多的劳力和包装材料。

为达到良好的储藏效果,应注意如图3-2所示的事项。

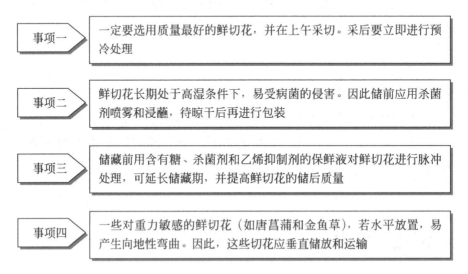

图3-2 使用干储藏的注意事项

开店锦囊

需注意，不是所有的鲜切花都能良好地适应干储藏，如天门冬、大丽花、小苍兰、非洲菊和丝石竹不宜干储，却适宜湿储藏。

2.湿储藏

湿储藏法就是把鲜切花置于盛有水或保鲜液的容器中储藏，是一种广泛使用的方法。该方法的优点是不需要包装，并使鲜切花保持高的膨胀度。缺点是在冷库中占据的空间较大，与干储藏相比，储藏期较短。

（1）一般在湿储期间，为防止叶片受害和患灰霉病，应使鲜切花保持干燥，勿喷水。

（2）鲜切花采后应立即置于水或保鲜液中。若采切后有一段干燥的时间，在湿储前应于水中将花茎下端2～3厘米处剪去。容器内水或保鲜液深度以淹没花茎10～15厘米为宜，为避免叶片在水中腐烂，要把下部叶片除去。一般湿储的保鲜液含有糖、杀菌剂、乙烯抑制剂和生长调节剂。

（3）鲜切花湿储效果的好坏，水质是一个非常重要的因素。最好不要用自来水，而用去离子水或蒸馏水。如月季在自来水中可保持4.2天，而在蒸馏水中却可保持9.8天。

3.气体调节储藏

气体调节储藏，是通过精确控制气体（主要是二氧化碳和氧气）的混合成分，来储存鲜切花的方法。通常是增加二氧化碳、减少氧气浓度并结合低温，以降低鲜切花的呼吸作用和抑制乙烯的产生，使鲜切花的代谢过程变慢，延缓衰老。

现在该方法常用于水果的长期储存，尚未在花卉业中推广使用，不可盲目照搬。还需要精确测定不同种和品种的鲜切花对气体成分含量、湿度和温度的最适范围。

4.低压储藏

低压储藏是把植物材料置于低温、低压下储藏的方法。一般低压储藏法不能有效地保护鲜切花免于脱水，因此需要连续输送湿空气进入储藏室，其储藏系统的价格也较高，目前尚未在花卉业中广泛应用。但在相同温度条件下，该方法的储存期比常规的冷藏法长得多，具有潜在的应用价值。

相关链接

储藏鲜切花应注意的问题

在冷藏期,鲜切花长时间处于高湿的环境条件下,极易感染病害和衰败,因此要特别注意防止病害和环境的清洁。可采取以下措施。

(1) 储藏的鲜切花应健康并未受病虫侵害。如花店里鲜切花被病虫害感染,要用化学药剂进行防治。

(2) 灰霉病是鲜切花储藏期间常见的病害,往往导致巨大损失。灰霉病的最初症状是在花瓣和幼叶上出现灰色小斑点,当其上面有水分凝结时,会加速病情的发展。如果冷库中的鲜切花表面干燥,采后能迅速预冷,则常会抑制灰霉病的发展。

(3) 为防止储藏期间病菌感染,整个冷库每年应消毒几次。库中无花时,要予以彻底清扫。然后用300毫克/升的次氯酸钠溶液,或氯胺、石灰水喷布整个冷库内墙。清扫后使库房干燥。

(4) 湿储用的储藏架、容器和水槽,应定期用洗涤剂或次氯酸钠溶液彻底清洗消毒。然后用水冲净,晾干备用。

(5) 及时清除库房内的植物残渣和废弃物。库内用6~14目活性炭或涤气瓶净化空气,以移除乙烯。此外,鲜切花不宜与水果、蔬菜共用同一冷库。

第四章
布局陈列

第四章
布局陈列

导语

精巧、美丽的陈列与布置，不但能吸引消费者的视线，引领其走进花店，而且巧妙的布置能营造出良好的氛围，可以刺激顾客的购买欲。因此，经营者要有意识地经常对花店的陈列布置做适时的改变，既要让花店给顾客一种比较既定的印象，又要不断营造新鲜感。

一、花店布局分类

一般来说,花店的布局可以分为如图4-1所示的两类。

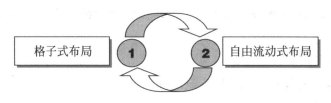

图4-1 花店布局的分类

1.格子式布局

格子式布局是一种十分规范的布局方式,摆设互成直角,构成曲径式通道,使整个花店内结构严谨规范,给人以整齐、管理井然有序的印象,这种印象很容易使顾客对花店产生信任心理,大多用于开架式销售。

格子式布局的缺点是顾客通常会产生孤独和乏味的感觉,由于在通道中自然形成的驱动力,选购中的顾客会有一种加速购买的心理压力,而观赏和休闲的愿望将被大打折扣。同时,由于布局的规范化,使得花店发挥装饰效应的能力受到限制,难以产生由装饰形成的购买情趣与效果。

2.自由流动式布局

自由流动式布局是根据花卉的特点,形成各种不同的组合独立或聚合,没有固定或专设的布局形式,销售形式也不是固定不变。在实际布局中常见的有条形、矩形、环形、马蹄形、三角形等多种类型。这类布局中,通道一般比较宽敞或在花店中央留有较大的空间,用于环境装饰,这是一种自由式布局,所以能利用装饰布局创造较好的环境气氛,对各种类型的顾客都能产生一定的吸引力,环境促销的作用十分明显。

相关链接

店面如何分区

花店的大小不同,但需要布置、安放的东西还不少。可将花店分为以下各区,以便合理利用空间。

1. 鲜花摆放展示处

鲜花展示要选花店最好的位置，展示朝向要面对行人走路的方向。

2. 操作台

用于制作插花的工作台，至少要有一张桌子大小，带抽屉的桌子更好。有的花店小得连操作台也放不下，来活儿就打开折叠桌，你按条件自己安排吧。

3. 垃圾桶

存放剪下的枝叶，桶最好是加盖的。

4. 包装纸、丝带存放区

面积小的花店，丝带用绳穿起，挂在墙上即可。

5. 水池区

用于接水、倒水。

6. 储物区

用于存放花篮、花泥等，可放在货架下面。

7. 电话、传真、音箱、电脑区

如果不是实在没有办法，就别把此区与操作台连在一处，因为插花有水分，易把电器弄坏，而且开发票也要在干爽无水分的地方比较好。同时，店中播放柔和音乐，顾客可在恬静环境中购花。

8. 荣誉墙、证照悬挂区

用于悬挂营业执照、荣誉牌、获奖证书、培训毕业证书等，也可悬挂插花等级证书，这并不是炫耀，而是增加顾客信任度。

9. 花语、星座、POP广告区

这些内容可张贴在墙上，内容涉及店内促销活动、保鲜知识、场合用花、新品种信息等。这样可使顾客充分了解花店的经营特色，激发他们的购买欲望。

10. 花瓶区

有的花店经营花瓶，如果空间较充裕，可将花瓶摆放得更精致。

11. 休息区

店较宽敞的话，最好放置一两把椅子，顾客在等待插花制作时可坐下来休息，当然设置成休息区更好，摆放一些花艺书籍，在此区域放上插花图片、相册，可作为业务洽谈区。

12.仿真花区

可摆放仿真花插出的艺术造型,别小看这些造型插花,它可以充分展示花店的艺术设计水平。

13.绿植区

这个区域比较占地方,花店可摆放一些绿植及花坛、别墅内景观设计图片,绿植上附标牌,写上品名、价格、花期、养护注意事项等,表明花店有接酒店、宾馆、写字楼等绿植租摆的能力,并有经营小型绿色工程和节假日摆花坛的能力。

14.干花区

用于摆放各种干花。

15.花肥、花土、花药等其他用品区

挨着居民区的花店可以进这些物品尝试一下。

二、花店布局设计

店铺布局设计是整个店铺形象设计的重要组成部分,经营者要根据店铺实际规模从各个方面进行设计和完善。

1.流动路线的设计

花店布局的核心是顾客流动路线的设计,成功的设计能最大限度地延长顾客在花店的停留时间。不同顾客因年龄、性别、性格的差异,其移动的路线当然有所不同。花店要避免把畅销的花卉品种放在顾客走动少的地方,应考虑整体布局,把各类不同的花卉品种有序地摆放,在流动路线设计方面清晰分类,能让顾客自由自在地选购。

2.花店通道设计

花店的通道要注意保持足够的宽度,方便顾客游览。挑选鲜花和往来通过,一般不应小于90厘米,否则顾客会感到不便。

当通道过长时,适当的迂回行走对顾客更有吸引力。

开店锦囊

花店如果是进出合一的门口,就要保持宽敞、通畅,以减少拥挤和堵塞,避免进出花店时顾客的相互干扰。如果是进出分开的门口,则应注意花店内通道的走向一定要明确。

3.天花板的设计

天花板的高度要根据营业面积来决定,宽敞的店面适当要高一些,狭窄的花店应低一些。一般而言,一个10～20平方米的花店,天花板的高度在2.7～3米;如果花店面积达到300平方米,天花板的高度应在3～3.3米,1000平方米的花卉市场,其天花板的高度应达到3.3～4米。

另外,天花板的颜色也具有调整高低感的作用。有时,并不需要特别把天花板架高或架低,只需改变颜色就可有调整高度的效果。

天花板的设计以平面为多,一般以吊灯或日光灯等照明设备安置在天花板上,天花板的材料,有各种胶合板、石膏板、石棉板、贴面装饰板等。胶合板是最经济和方便的天花板材料,但防火、消音性能差;石膏板有很好的耐热、消音性,但耐水、耐湿性差,经不起冲击力;石棉板不仅防火、绝热,而且耐水、耐湿性好,但不易加工。

 开店锦囊

对过高的天花板,能够在上面固定丝网或细铁丝(最后要隐藏起来),悬挂上人造仿真藤类植物或干花,则会起到很好的装饰效果。

4.墙壁设计

壁面作为陈列花卉的背景,具有很重要的功能。花店的壁面在设计上应与所陈列的花卉的色彩和内容协调,与花店的环境和形象相适应,一般有如图4-2所示的四种壁面利用方法。

花店的墙壁不可太花哨,以浅色为主,白色、绿色、浅灰色等都可以,有的花店自己动手装饰墙面,既经济又富有特点。

方法一	在壁面上架设陈列柜，用以摆放陈列花卉，墙壁被柜挡住了，因此可以不做粉刷或装饰处理
方法二	在壁面上安置展台作为花卉展示处，墙壁固定货架的同时，作为背景起到了衬托的作用
方法三	在壁面上做简单设备，用以悬挂或布置花卉，悬挂插花作品必须先选择完整或较空的墙面和最适宜观赏的高度。插花作品的风格要和店内整体风格一致
方法四	在壁面上做几个简单处理，张贴 POP 广告或做壁面装饰。凡是能够悬挂在墙上的优美器物都可，但要留意饰品的大小要与墙面的空间具有良好的比例协调关系和均衡效果

图4-2 壁面利用法

比如，在墙壁四周围上特色棉布、壁纸、草帘等，或用各种包装用的手揉纸经手揉皱后，用胶粘贴于墙壁上，还有的在墙面上粘碎砖块儿、鹅卵石等，以创造不同的质感和视觉效果。

5.货架设计

货架是陈列、展示和销售花卉的主要设施之一，并能容纳和储存花卉，使花卉容易选择，取放方便。货架有不同的构造、形式和规格，货架设计既要求实用、牢固、灵活，便于插花员操作，便于顾客参观，又要适应各类花卉的不同要求，制作货架的材料很多，如木制、金属、塑料、藤、铝合金、角钢等，选择时要考虑花店的环境风格和货架本身的价格。

货架的布置方式会影响顾客的心理感觉，应当顺应顾客购物习惯，并满足其审美要求的摆放方式。据测算，顾客的视线在货架上平均停留时间为0.6秒，这就意味着大部分花卉品种并未引起顾客的注意，为了使顾客更多地购买花店最希望卖掉的花卉品种，也就是获利最大最畅销的品种，合理地安排货架的位置十分重要。

从顾客的角度而言，对各货架的关注是不一样的，这是由人们的视觉习惯造成的，平视时，视线会在头部与胸部之间的高度移动，这是由人视轴线呈30°以内的东西最易被接受。人们不会在每个货架都蹲下来看下面，或踮起脚来看高于其视线平视的地方，视角的不同会影响到花卉在不同层面货架上的陈列方式和数量。花店要充分利用好货架的空间。

（1）在货架最为引人注意最具经济价值的位置摆放最易售出的花卉品种，可以将此位置视为货架的促销区，尽量扩大其陈列数量，以增加销售额。

（2）顾客可平视的位置，最好陈列满。

（3）顾客的目光要往上仰视的位置，造成仰角，在这一格的陈列最好顺应视线摆放，这样可形成立体美感。

（4）对于货架下面的位置，顾客一般不会蹲下来看，因此此层不要堆放太多，将里面的空间填满即可。

三、花店灯光设计

对于开花店的商家来说，花店的氛围是非常重要的，要想制造出好的氛围，必要的灯光效果是必需的。

1.霓虹灯设计

霓虹灯，它是花店外观的重要组成部分，以补充显示花店招牌为主，兼有宣传美化作用，既可装饰花店外观，又可招揽顾客。

霓虹灯是以远眺为主的光源设计，色彩的选择一般应以单色和刺激性较强的红、绿、白等为主，突出简洁、明快、醒目的要求，字形要大，图案力求简单。因为人的眼睛对动态景象敏感，所以伴以动态结构的字体和图案，会收到好的效果。

2.橱窗灯设计

橱窗灯属于外观灯饰。橱窗灯是近距离观赏光源，所以一般不应使用强光，灯光色彩间的对比度也不宜过大，光线的运动、变换、闪烁不能过快或过于激烈，否则会使顾客眼花缭乱，造成不舒适的感觉。

橱窗灯有以下五种形式。

（1）基本照明。基本照明是为了确保橱窗内基本的照明。基本照明必须保证整个橱窗亮度均匀，从灯光位置上分顶光、边光和底光，如图4-3所示。

（2）聚光照明。聚光照明是用强烈的光线来衬托花卉品种的一种照明方式。要使橱窗陈列的花卉全部光亮时，应该采用平坦型配光，而使橱窗的重点更加明亮，则应该采用聚光照明方式。

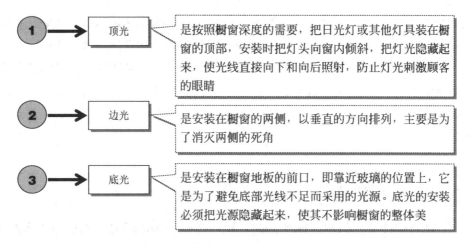

图4-3　基本照明的分类

聚光照明一般多采用LED射灯等，将一束束灯光射向需要的位置上，以突出陈列重点。聚光照明必须选择能够自由变更照射方向的灯具，以配合布置和陈列商品的变化。

 开店锦囊

　　聚光照明要用冷光LED灯，不用热光灯，灯具与商品之间要注意留出足够的空间，让空气流通，保证光源的散热需要，更不要让灯光直接照射在易燃干花上。

（3）强化照明。强化照明是指通过光的效果，来衬托花卉的照明方式。使用装饰照明器具时，在设计上应和橱窗陈列的商品和谐一致。此外，橱窗照明以重点突出一类或一个系列商品为原则。

（4）特殊照明。特殊照明是配合橱窗陈列商品特殊需要，采用更有效的表现方式，使特殊照明部分的陈列品更加引人注目。

（5）气氛照明。通过气氛灯光设计可消除暗影，在特殊陈列花卉中制造出不同的效果，在橱窗灯光中还可以用加滤色片的灯具，制造出各种色彩的光源，构成戏剧性的效果。

3. 内部灯光设计

在花店装饰布局中，科学合理地配置灯光，既可吸引顾客的注意力，又能使顾客在视觉舒适的环境中观赏花卉,形成对花店购物环境的良好印象。花店中使用的光源一般可分为自然光源、灯光照明光源、装饰陪衬光源三类。

(1)自然光源。花店中的基本照明利用自然光,可降低费用,又能使花卉在自然灯光下保持原色,避免灯光对花卉颜色的影响。同时,人们对自然光的崇尚已开始超过对人工光源的喜爱,因此,在条件许可的情况下,应以自然光为主。

 开店锦囊

> 花店中在设置灯光照明的同时,也要学会利用自然光,不仅能节省费用,还能让花的颜色更接近原色,避免了灯光对花的影响。

(2)照明光源。灯光照明光源是花店内的基本照明光源,起着保持整个花店基本亮度的作用,它一般安装在屋顶天花板或墙壁上,多以单色白光日光灯为主。

安装照明光源应注意整体亮度要足够,如果整体亮度不足,则容易使人产生沉闷压抑的感觉,难以形成活跃的购物气氛。

(3)装饰陪衬光源。这是花店内以装饰或陪衬花卉为主,兼作局部照明用的光源,主要起美化店内环境、宣传花卉品种、营造购物气氛的作用。在具体使用陪衬光源时应注意如图4-4所示的三点。

事项一	用于烘托整个花店购物气氛的装饰光源,要与照明光源协调搭配,装饰光源只起陪衬与辅助作用,不要喧宾夺主,不宜安装过多,亮度不宜太强,对比不应过大
事项二	对专用于装饰和映衬花卉的光源,应注意光色与花卉的协调,如果花卉本身色调明快清晰,则灯光朦胧才能产生较好的意境;如果花卉本身色彩较暗,应使用较强的灯光突出其形象
事项三	彩色光线照射在色彩鲜艳的花卉上,如果光色与物色相同,则花卉会特别鲜艳;但如果光色是花卉的补色,则会减弱花卉的鲜艳程度,使物体变得灰暗

图4-4 使用装饰陪衬光源的注意事项

总之，灯光的设计与使用，要注意灯光对鲜花色彩的影响，应与顾客通常所反映的心理状态相适应。另外花店内最好在光线较暗或微弱处设置一面镜子，这样做的好处在于，镜子可以反射灯光，使花卉更醒目，有的花店用镜子来装饰整面墙，除了有上述优点外，还给人一种空间增大了的感觉。

四、花材陈列的原则

对于传统零售业来说，商品陈列有其一定的原则，基于花店商品的特殊性，我们可以采用如图4-5所示的陈列原则。

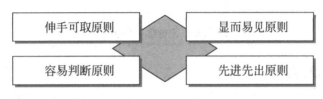

图4-5 花材陈列原则

1. 伸手可取原则

很多时候我们认为大家是在用眼睛看花，其实嗅觉和触觉也能"看"花。所以要让顾客和花的距离更近一些，甚至让他们伸手就能触碰到花或者盆，这个动作就会引发兴趣点。

2. 容易判断原则

在每种花前都贴上标签，写明这花是什么花，使顾客能很容易地从各种花中判别出眼前的这种花是什么花，容易引导顾客的购买。

3. 显而易见原则

一般来说，和眼睛平行的高度是顾客最易看到的范围，要把重点推介的花材放在这个高度。此时不论顾客是否需要买花，首先让他产生拥有的愿望，然后才可能循环着看。

4. 先进先出原则

因为花是一种极易因摆置过久而缺失水分导致凋谢的商品，如此的话那些花就没有了新鲜时的美丽动人，难以吸引顾客的购买欲。所以，更加应该遵守先进先出原则，在一定程度上也能保证顾客买到新鲜的花。

五、花材陈列的方式

花材陈列一般有如图4-6所示的几种方式。

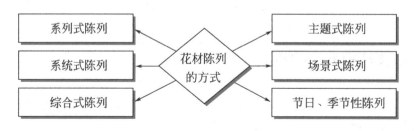

图4-6 花材陈列的方式

1.系列式陈列

系列式陈列大多是为完整地展示和突出某一花卉品种,这种陈列方法能很好地突出某一类花的品种特点,突出系列性。

比如七夕节,以玫瑰为一个系列,展示不同品种、包装、规格、色彩的玫瑰,来突出这个系列的产品,增加该品种的销售量。

2.系统式陈列

系统式陈列是指同时陈列几种花的品种,但这几种在使用上必须是互相联系的,易引起消费者对花的品种的系统认识。系统式陈列的好处如图4-7所示。

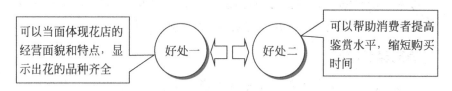

图4-7 系统式陈列的好处

顾客对陈列的连带性花的品种有了认识后,往往会一次购买,避免浪费时间,花店通过系统式陈列,不仅可以扩大主要花品种的销售,还能把其他附属性的花品种同时销售出去。

3.综合式陈列

综合式陈列是一种常用的陈列方式,将各种花卉品种,经过组合搭配,尽可能丰富地展示出来，但要避免杂乱无章。经过有意识的设计，做到既丰富多彩，又井然有序。

4. 主题式陈列

主题式陈列一般以某种花品种有关的主题为主线来选择和布置花，既突出了花，又具有丰富的内涵。陈列中既可有实物陈列，也可以有与花卉品种有关的内容，如有关的文字介绍、图片、照片等，使顾客根据花卉品种的陈列的主题有针对性地加以选购。

比如，节日主题、季节主题、毕业季主题等，围绕主题陈列能够呈现该主题内容的花卉。

 开店锦囊

可以结合当下的节日、季节变换、热点来切换花艺产品的陈列，为植物装饰相应的主题盛装，这不仅仅美化了店面的灵动感，更能应时景吸引顾客眼球。

5. 场景式陈列

橱窗设计也可以采用场景式陈列，通过花材组合、物件装饰来搭建一种特定的场景。

比如，摆放小藤桌、相框或其他道具来打造一种生活场景。

6. 节日、季节性陈列

根据季节的变化、不同的节日进行，把准备大力推销的花的品种提前陈列出来，使顾客通过观赏，感觉到新的季节、节日即将到来。

六、花材陈列的要求

视觉是最能影响一个人感受和行为的知觉能力。一家花店，从店门口、橱窗到店内的陈列摆放，无不从视觉上影响着顾客的感受，进而影响顾客的消费行为。因此，花店经营者可以按如图4-8所示的要求做好花材的陈列。

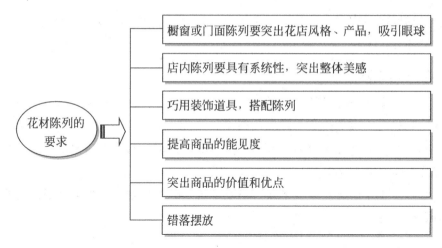

图 4-8　花材陈列的要求

1. 橱窗或门面陈列要突出花店风格、产品，吸引眼球

任何一家门店，一定是从店面开始吸引顾客眼球的。因此，对于花店来说，店门口的布置尤为重要。不管是铺面较大的花店还是小花店，橱窗或门口场地都务必要好好利用起来，该处的陈列与店内的重点陈列区同样重要。橱窗或店门口的陈列能够让顾客还没走进店内就能感受到这家店的风格、花艺水平和鲜花品质。因此，橱窗和门口场地的布置，最好采用突出产品、突出花店风格的陈列方式。可选择主题式陈列、场景式陈列、系列式陈列法。如图4-9所示。

图 4-9　花店陈列效果截图（一）

2. 店内陈列要具有系统性，突出整体美感

店内陈列比较复杂，具体可分为几块区域。

首先是重点陈列区，空间较大的花店可在店中央开辟一块重点陈列区，而空间较小的花店，重点区一般在门口通道正面，以及店内左右两边。重点陈列区也可采用主题式、场景式、系列式陈列法，还可采用综合式陈列法，将不同品种的花卉搭配陈列，尽可能地丰富展示花卉品种，该陈列法对花店经营者的搭配能力有所要求。

其他非重点陈列区的几块区域，则可根据店内整体风格，配合季度或节日主题，分别陈列。如图4-10所示。

图4-10　花店陈列效果截图（二）

　开店锦囊

采用综合式陈列法讲究花卉搭配技巧，切忌一味追求花卉品种的多样性，要避免陈列得杂乱无章。

3. 巧用装饰道具，搭配陈列

一个有风格、吸引人的花店，除了花卉要陈列得漂亮美观以外，巧妙搭配的装饰物品、道具也起着吸引顾客，提高花店整体美感的作用。

比如场景式陈列法，利用不同的道具，搭建不同场景。像有特色的花瓶、花盆或者花篮，以及玩偶、相框、书籍等，只要布置得当，花店就会变得生趣盎然。而主题式的陈列，则可使用类似小卡片、小海报或者专门定制的木板提示牌，既能起到装饰作用，又能起到主题宣传作用。还有的花店会专门定制有特色的花卉陈列柜，或者好看的花架，既规整了店内陈列，又显得美观大方。如图4-11所示。

图4-11　花店陈列效果截图（三）

4.提高商品的能见度

首先需要注意到的是高度，顾客进店后会无意识地看向和他高度相适应的地方，应该把鲜花摆在这样的地方。

（1）如果花店属于中小花店，则可以考虑把陈列商品货架作马蹄形排列。

（2）如果是面积大，经营商品多的大型花店，可以考虑把花店划分为若干个矩形区，各区再把货架作马蹄形排列。如图4-12所示。

图4-12　花店陈列效果截图（四）

开店锦囊

经营者可以灵活应变,充分利用花店的壁面,用美丽的花墙来吸引顾客的目光。

5.突出商品的价值和优点

在摆放鲜花的时候,要想方设法充分展示不同商品的个性特点。如图4-13所示。

(1)带香味的鲜花要摆在最能刺激顾客嗅觉的位置,让顾客能最快感受到这些鲜花的特点。

(2)那些花艺形式新颖的鲜花作品,则摆放在顾客视线中最容易看到的位置。

(3)那些价格昂贵、高档的花店商品,比如高档花瓶、新奇花材等,最好是摆放在特殊的货柜内,突出商品的档次。

图4-13 花店陈列效果截图(五)

6.错落摆放

摆放花卉的货架要有形式变化,货架与花卉摆放要错落有致;要注意花卉大小合理地搭配,又要规范花卉品种的分类。多种摆放形式结合,使人感到百花争艳、芬芳吐翠,唤起人们的购买欲望。盆花应量少品精,鲜切花应量多品全,仿真花、干花应设计出艺术造型,或悬于壁架,或配以协调的花器插入瓶中，为顾客选购提供参考。如图4-14所示。

图4-14　花店陈列效果截图（六）

总之，在陈设花卉时，既要考虑特殊花卉的独立性，又要有一般花卉的群体性，使花卉摆放协调雅致。

第五章
价格制定

开家赚钱的花店——花店经营管理从入门到精通

第五章
价格制定

导语

　　花店经营者对顾客不能漫天要价，不能因人定价，更不能一日多价，要有一定的浮动价格给顾客谈价的余地。同时，鲜花店还要不断地根据市场的变化、竞争对手策略的变化、顾客消费心理的变化、本店的经营状况变化来调整自己的定价策略。

一、定价的程序

价格通常是影响交易成败的重要因素,同时又是市场营销组合中最难以确定的因素。对花材定价的目标是促进销售、获取利润。这要求经营者既要考虑成本的补偿,又要考虑消费者对价格的接受能力,从而使定价策略具有买卖双方双向决策的特征。

一般来说,定价的程序如图5-1所示。

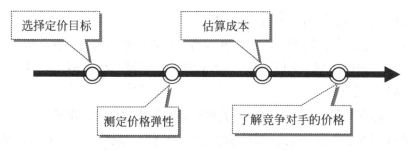

图5-1　定价的程序

1.选择定价目标

定价目标应与花店的经营目标一致,一般分为如图5-2所示的几种。

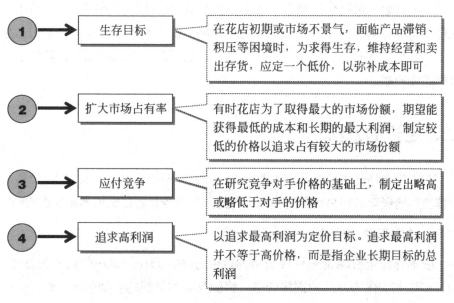

图5-2　定价目标

2.测定价格弹性

首先,经营者应调查市场的需求结构,了解不同价格水平上人们的购买数量;其次,经营者要分析需求的价格弹性,即价格变动引起需求量的变化程度。

比如,当一作品价格为20元时,需求量为5件,当价格降为18元时,需求量大幅度增加,这说明弹性较大,需求量对价格的变动敏感。反之,当价格下降时没什么变化,说明需求量对价格的变动反应迟钝。

3.估算成本

插花作品的成本一般分为以下两类。

(1)固定成本。即不管销售多少作品,它的数额均保持不变,如房屋的租金、管理人员的工资、利息、折旧费(汽车、空调、冷藏柜、电脑、办公家具)、办公费用等。

(2)变动成本。即随产品的产量和销售量的变化而变动的成本,主要是制作和营销方面的费用,如花材费、花泥费、电话费、运输费、广告费、水电费、临时工工资等。

固定成本与变动成本之和为全部成本。

4.了解竞争对手的价格

由于产品的最高价取决于市场需求,最低价取决于产品的总成本费用。因此作品价格定得多高,取决于竞争对手作品的价格水平。若竞争对手的作品质量水平与自己的相似,价格可大体一致,若高于对手价格可高些,若低于对手价格应低一些。

二、定价的方法

在零售市场营销组合的四大要素中(商品、价格、服务、促销),价格是唯一能直接给经营者带来利润的要素。因此,花店经营者要重视商品价格的制定。

1.成本导向定价法

成本导向定价法是一种最简单的定价方法,即在产品单位成本的基础上,加上预期利润作为产品的销售价格。售价与成本之间的差额就是利润。这种方法又可细分为如图5-3所示的两种。

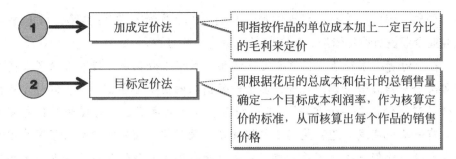

图5-3 成本导向定价法

2.需求导向定价法

需求导向定价法，是指根据市场需求强度和消费者对产品价值的理解来制定产品销售价格。这种定价方法主要是考虑顾客可以接受的价格以及在这一价格水平上的需求数量，而不是产品的成本。这种定价法可细分为如图5-4所示的两种。

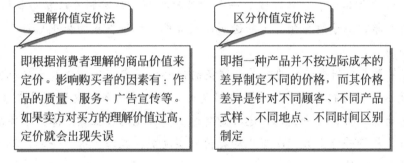

图5-4 需求导向定价法

3.竞争导向定价法

竞争导向定价法，是指对竞争对手的价格保持密切关注，以对手的价格作为自己产品定价的主要依据。当然，这并不意味着保持一致，而是指经营者可以根据对手的价格制定出高于、低于或相同的价格。

4.明码标价法

明码标价是指经营者收购、销售商品和提供服务时公开标示商品价格、服务价格等有关情况的行为。是向消费者公布商品价格和服务的一种方式，具体有卡片标价、挂牌标价、实物标价等形式，注明商品的品名、产地、等级、规格、型号、单位、价格或者提供服务的项目、收费标准等有关情况。明码标价是商业企业进行价格管理、提高服务质量的一种方法。

在上海有一家花店，在商品定价方面，做得十分彻底。经营者除了在情人节那天会对商品进行调价之外，其余时候商品的价格全年都一样。这种方法被称作"鲜花价格全年恒定法"。店老板开花店十几年了，也是深受花价善变之累。有一次他突发奇想，花店已经经营了一段时间，固定客户群占了客户中的绝大多数，他们一年的消费量相当稳定，而自己对一年的花价形势也已了如指掌，为何不干脆为鲜花定个全年统一价？一年平均下来，双方的利益都不会受太大影响，而花店的工作量就减少多了。

店老板是个敢想而又精明谨慎的人，为了实践自己的想法，他先从礼仪性花篮、花束开始尝试。他为每一枝花估算了全年的一个平均价，然后，不同的用花品种、数量、花艺形式，推出了不同档次的礼仪用花作品。定价上，店老板把价格的最后一个数都改成"8"，图吉利之意。由于花作品本身价格弹性大，顾客看他的作品漂亮，档次多样，也并不计较单枝花价是否和市面上不同，对这些作品都能欣然接受。一个意外的收获，恒定的价格容易取信于人，一些机关单位基于财务预算上的透明便利考虑，纷纷在年初和花店签了一年的用花合同。

当年夏天，店老板顺势将单枝鲜花的价格也固定了下来。夏季鲜花价格处于最低谷，花店制定的"均价"自然是大大高于市面价，这似乎是在寻死路。但是店老板认为，这一关无论怎样都得过。单枝花的营业额下降了半年后，旺季一来，花价普遍上升，而店里的花价确实没变，经历了这一轮回，花店牢牢地抓住了顾客的心。

过了两年，形势正如店老板预期的那样，花店在店面接待上的工作量大大减少，省下的时间，员工们接受了更多的花艺培训。同时，花店的账目管理局面也焕然一新，原先每次进花都要分别记账，现在只要记住进花数量，在年初和年底算一次总账，就可以清楚地看到花店的成本和利润了。

对花店新的经营局面，店老板相当满意。当初固然并不致力于盈利，但花店的营业额在两年中持续增长。

明码标价出售产品使花店保证只出售进货后两天以内的花材，两天后不出去的都要处理掉。大的花艺作品也要保证两三天就要更换一次。这在保证了鲜花质量的前提下，每天公布鲜花的进价和零售价并公布店的计算方式，既让自己和顾客都一清二楚，也是对顾客的一种服务，节省了大家的时间。这种计价方法基本与国际接轨。实行明码标价后，花店经营者就可以省心不少，也可以避免很多不必要的纠纷。

 开店锦囊

定价是一件十分灵活的事情。经营者最重要的还是要根据自身店铺的规模、进货价格、自身花艺作品水准，以及店铺定位等多项因素进行产品定价。

三、定价的策略

定价太高，超过顾客购买的接受力，花卖不出去，容易形成滞销；定价太低，又影响花店的收益。这就需要花店经营者掌握一定的定价策略和技巧。

1. 价格折扣

对一种产品制定一个基本价后，通常会对不同的情况酌情修改价格，以各种折扣的手段来刺激用户和中间商，鼓励其购买，是促销的手段之一。

其主要方式如图5-5所示。

- 现金折扣 ← 即给那些以现金付款或提前付款的顾客以一定的折扣的一种方式。这种做法可以加速资金周转

- 数量折扣 ← 即给那些大量购买某种商品的顾客的一种折扣，购买数量越大，折扣也就越大。其目的在于鼓励购买者大量购买

- 贸易折扣 ← 是指制造商给中间商如批发商或零售商、代理商的一种额外折扣，中间商应承担某种职能，如销售、储存、服务等

- 季节折扣 ← 是企业给那些购买过季商品和服务的顾客的一种减价方法，以使企业的生产和销售在全年中保持稳定

图5-5 价格折扣的方式

2.新产品定价策略

新产品定价策略主要有以下几种。

（1）市场撇油定价法。即在新产品刚上市时，价格定得高些以赚取最大利润。以后随着竞争产品的投入和市场大规模的开发，产品的价格会逐渐降低。

（2）市场渗透定价法。即企业将他的新产品的价格定得相对较低，以吸引大量购买者，提高市场占有率；或者将新产品价格定得低于竞争者的价格，积极促销以控制市场。

（3）产品组合定价法。销售的两种以上有相互关系的商品时，可采用组合定价法以谋求整体产品利润最优化。

对有互补关系的一组商品，对购买次数少、价值大的，消费者对价格较敏感的商品定价可低一些，而与之配套使用的价值低、购买次数多的商品价格可高一些。

对于既可单个卖又可成套卖的商品，单个购买价格高，成套购买价格优惠或赠送小礼品。如新娘花成套出售价格可低一些，以吸引购买。

3.心理定价技巧

心理定价策略是指经营者在定价时，利用顾客心理有意识地将产品价格定高些或低些，以扩大销售。心理定价策略主要有以下几种。

（1）声望定价法。声望定价即针对消费者"便宜无好货、价高质必优"的心理，对在消费者心目中享有一定声望，具有较高信誉的产品制定高价。

（2）尾数定价法。尾数定价，也称零头定价或缺额定价，即给产品定一个零头数结尾的非整数价格。大多数消费者在购买产品时，尤其是购买一般的日用消费品时，乐于接受尾数价格。

比如，花篮标价299元比标价300元好销。虽然仅有一元之差，但在消费者的心理上产生了变化：它不但给消费者以准确定价的印象，还给消费者以价格偏低的印象。

 开店锦囊

商业心理学认为："零"是买方的心理警戒线，而"0"以下"5"以上的数字作为尾数是买方心理上的松弛区。

（3）分级定价法。即按产品的品种、规格分为几档分别作价。

比如，同样是一束11朵的玫瑰，按包装材料及插花款式的不同，可定为299元、399元、599元三个档次的价格。

（4）需求定价法。一些商品长年在市场上形成稳定的价格，消费者已十分熟悉和习惯了，这样同类产品的再生产应尽量调整容量、成本，定出人们熟悉的价格，以迎合不同顾客的需求。

（5）合意定价法。即为迎合消费者某种心理状态，引起消费者对美好事物联想的定价方法。如一些地区商品的价格常以"8"作为尾数。

四、定价的技巧

花店利润能得到多少，与经营者对自身产品的定价有莫大的关系。经营者需要定价的产品包括店里出售的各项东西，不仅包括花材，还包括花艺作品、绿植、辅料等。

1. 给花器及辅料定价

花器（花瓶、花盆、套盆等）及辅料（花泥、包装纸、彩带、花篮子等）在保存、销售过程中的消耗比较小，定价要趋于稳定，同时它也应是四季有利润的商品。

那么，这个利润是怎样产生的呢？

以小花盆为例，一个盆如果进价是10元，售价是13元，那么它的利润是不是3元呢？不是！在这3元中应该还含有运输费、人工费、库存费、利税、店租费等。如果这些费用超过3元，或等于3元，你做的就是亏本或是不盈利的买卖，如果这些费用小于3元，那么你就有利可图。

由此看来，货物销售之前要先算账再定价。

再以花盆为例，如果进价10元，各类损耗3元，它的成本就是13元，在13元的基础上再加上你所预期的利润，才是真正的销售价。

2. 给鲜切花定价

依据鲜切花的销售形式可以分成花材批发、花材零售和花材加工后销售的三种价格。花材批发量比较大的话，在第一次批发的价格之上再加一定的小利就可以出手了，这个小利在小于零售价的基础上花店的经营者衡量制定，主要看批发量的大小，批发量越大，价格越接近第一次批发的价格，批发量越小，越接近零售的价格。

开店锦囊

随着新鲜程度的降低，以及市场上供求的变化，鲜花的价值时常发生变化，到最后甚至一文不值，所以鲜花的价格经常浮动。

3. 给花艺作品定价

以花篮为例说明如下。

第一步：计算辅料的价格，包括花篮子、花泥、包装纸等。

第二步：计算所用花材的成本。

第三步：加上人力成本。

第四步：加上利润。

这就构成了花篮的价格，把这个价格再向上浮动一定的比例做销售上限，花篮价格的范围就确定了。

开店锦囊

对于花艺作品，是仁者见仁、智者见智，很难用一口价去定死价格。但是要有一定的浮动价格，以给顾客谈价的余地。

4. 给绿植定价

绿植泛指盆栽花，在给绿植定价时，要考虑其所有的成本，因为盆栽花的销售周期通常较长，占用空间较大，也需要花费时间和精力去养护，这些都应该计算到成本中去。

第六章
礼仪插花

第六章
礼仪插花

导语

　　花店经营中最常制作的就是礼仪插花，它广泛地用于各种庆典仪式、婚丧嫁娶、探亲访友等社交活动中。礼仪插花艺术不是凭空想象，而是按照欣赏对象的要求，遵循一定美学原理，借助某些技术手段制作而成。

一、礼仪插花的分类

礼仪插花通常分为花篮、花盘、花束等形式,其中又有体量上的大小之分,如庆典花篮中的大型落地式花篮,有的高达2～3米,需要上百枝甚至上千枝花;而小型花篮可能只有几只花。

礼仪插花一般分为以下两类。

1.东方式插花

东方式插花具有强烈的东方艺术情调。东方式插花所用花材较少,叶疏枝少,以强烈枝叶的形态与构图,形成特有的艺术节奏与意境,具有浓厚的艺术感染力。它轻描淡写,寥寥数枝却意味深长,如同中国画中的写意画。因此,这种艺术形式的插花显得典雅古拙,耐人寻味。

东方式插花以中国式插花和日本式插花为代表。

2.西方式插花

西方式插花,多见于西方国家。这种插花形式与东方式相反,枝密叶茂,红红火火,五彩缤纷,强调插花的色彩。其构图多以对称均衡为主,具有图案美和修饰美。

西式插花讲求实用,主要用于礼仪庆典和家居装饰,是花店经营的大宗业务。

二、礼仪插花的原则

一件插花作品能给人以悦目而协调的美感,就必须考虑影响插花艺术效果的一些要素,并应遵循美学上的几个原则。具体如图6-1所示。

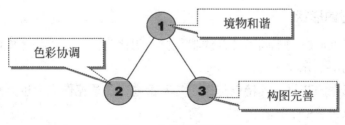

图6-1 花艺制作的原则

1. 境物和谐

境物和谐就是要求插花作品与环境条件相和谐。插花作品多是放在室内，因此室内光线、家具形色、背景色调、空间大小、欣赏对象、插花用途等都要与插花本身的色彩、构图等相协调。

一般来说，如果是哀悼性插花，则要求用花朴素清淡，并根据被纪念者的性格及生前喜好，选取适当的品种，务必做到肃穆端庄，忌插得枝繁花艳。相反，大喜节日插花，以轻松、热闹为主，可插得火红一些。平时作为摆设欣赏之用的插花可以插得新颖些，以富有艺术创新的作品为佳。

2. 色彩协调

色彩协调就是要求插花所用的花材间色彩协调。既要有鲜明的反差，又要有和谐的统一。插花的色彩搭配有各种方式，有的以一种为主色，其他的为辅色，起点缀和加强主色的作用；有的两种色无主次之分，还有的把几种融为一体，各种颜色好像繁星一样，但整体上形成新的色彩视觉。

插花材料色彩间的配合应根据插花的形式而定。东方式插花色彩整体效果以"雅"为佳，西方式插花则以"繁"为佳。

3. 构图完善

构图很大程度上决定着插花的成败。尤其是东方式插花更要注意枝条、叶片的布置。既要做到重心稳重，又要有险枝突出，有节奏感。西方式插花构图讲究均衡，重心稳重，以四面皆可观赏为佳。

三、花材的搭配

制作礼仪插花，不论是花篮、花盘还是花束，都要事先对花材进行挑选和搭配。而要挑选和搭配花材，首先就得了解花材。

1. 花材的形状

花材根据形态的不同可分为线状花材、团状花材、散状花材和特殊形状的花材。如图6-2所示。

各种形态的花材，其特点与作用各不相同，在插花作品中也具有不同的表现力。具体如表6-1所示。

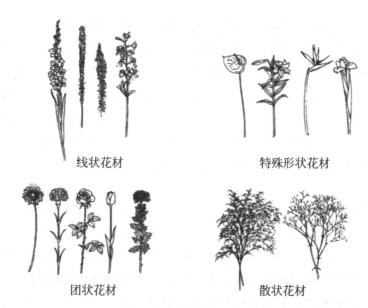

图6-2 花材的种类

表6-1 各种形态花材对比表

形态	特点	作用	常见种类
线状花材	长条形或枝条形的植物叶片、枝条或者花束	作为花艺造型的基本架构	唐菖蒲、龙柳、文心兰、排草、巴西铁、吊兰、银芽柳等
团状花材	花朵或叶子比较大，有重量感	作为整个插花作品的焦点或用以重叠、铺垫等	月季、非洲菊、百合、康乃馨、向日葵、菊花、大丽花、牡丹
散状花材	以无数个个体很小的花以松散或紧密的形态集结而成	用作填充、平衡和色彩调和	满天星、勿忘我、情人草、加拿大一枝黄花等
特殊形状花材	形体较大、花的形态奇特、容易引人注目	用作焦点花	马蹄莲、天堂鸟、红掌、帝王花等

（1）线状花材。线状花又称线形花，是构成花型轮廓和基本骨架的主要花材。各种长形的植物根、茎、叶和枝条，如唐菖蒲、蛇鞭菊、菠萝菊、飞燕草、紫罗兰、金鱼草、贝壳花、香蒲、银芽柳、红瑞木、龙桑、苏铁、散尾葵、肾蕨、尤加利、一叶兰、朱蕉等都是良好的线状花材。

不同的线条有曲直、粗细之分，其表现力各异。曲线优雅抒情、自然飘逸，富于动感；直线端庄、刚毅，表现出旺盛的生命力；粗线雄壮、有力，体现出阳刚之美；细线纤弱、秀美，表现清新温柔之态。

（2）团状花材。团状花材又称圆形花，花朵一般呈圆团状，如玫瑰、月季、菊花、香石竹、百合、非洲菊、郁金香、鸢尾、睡莲和草原龙胆；或花序呈圆团状或块状，如天竺葵、八仙花、百子莲等。从几何的角度来说，这类花又被称为点状花，常作为主要花材插在骨架轴线范围内，在造型中作为焦点花使用。一些叶片平展的花材，如龟背竹、绿萝、海芋、鹅掌柴等，也是很好的焦点花材。

（3）散状花材。散状花材又称散点花，通常指的是由许多简单的小花组成大型、蓬松、轻盈的花序枝。如满天星、霞草、勿忘我、情人草、黄莺、落新妇、茴香、文心兰、石斛兰等。这些花材如薄雾，如轻纱，常给人朦胧、梦幻之感，在插花中散插在主要花材之间，起填充、陪衬和烘托的作用。

（4）特殊形状的花材。特殊形状的花材顾名思义是指花型奇特的花材。这类花材一般形体较大，1～2朵足以引起人们的注意，适宜作为焦点花材来使用。常见的特殊形状花材有鹤望兰、黄苞蝎尾蕉、红掌、马蹄莲、卡特兰等。

2.花材的挑选

鲜花美是因为"新鲜"，因此，选购新鲜的花材是制作插花的第一步。挑选花材的过程，可以看作是进行构思的过程。花艺师应从以下几个方面来考虑。

（1）应当根据花艺制作的目的和用途，来确定花艺作品的主题思想，以此决定采用何种花材。

比如，插制喜庆用花时，应选择花色明亮艳丽、花型丰满美观、寓意美好的花材；而插制一般家用装饰花时，则应选择花色柔和恬淡、花型柔媚优雅、给人温馨生活气息的花材。

（2）要在一定程度上考虑季节性。

比如，春季插制花艺制品时，可注重展现生机和活力；夏季可通过花艺制品产生宁静、清凉的气氛等。

（3）要考虑个人喜好。所谓个人喜好，不仅仅指花艺制作者的喜好，更重要的是顾客的个人喜好。因此，花艺师在构思和选材时要考虑周全。

3.花材的搭配

花材的搭配，也要根据花艺作品的目的和用途确定。花艺师可从如图6-3所示的几个方面来考虑。

> **要点一** 注意花材线条形式的应用
>
> 线状花材是构成花艺制品形状的骨架,因此花材的线形搭配是很重要的。花材的线形可分为直线形、曲线形。直线象征着力量和阳刚之气;曲线代表柔婉和妩媚

> **要点二** 注意花材色彩的调和
>
> 虽然色彩的应用需要根据作品的主题确定,但每个作品中的色彩应当协调,习惯的做法是确定了作品的色彩基调(暖色调、冷色调或中间调)后,再围绕这一基调选择花材

> **要点三** 注意花材姿态的配合
>
> 花艺作品中花材的大小和花型对主题的表现相当重要。花型、姿态的配合,应使花艺作品的外观形状、线条形式和色彩搭配保持协调

图6-3 花材搭配的要点

相关链接

如何为顾客搭配鲜花

顾客来买花,花店要会搭配,以满足顾客的不同需求,这是开花店必备的基本技能。

1.探病鲜花搭配

可插制以剑兰和康乃馨为主的组合式花篮或花束,取剑兰的"剑"字谐音,取康乃馨的"康"字,合起来为"健康"两字。一般不给病人送盆花,因为盆花有根,易使人联想成病留根,寓意不好。

2.结婚鲜花搭配

插制以百合为主的花束,意为百年好合。

3.丧事鲜花搭配

搭配黄、白菊花,或黄白色为主的花篮、花束、花圈,还可加入紫色花。

4.生育鲜花搭配

粉红色代表女性，可插制以粉红色为主的花篮、花束送给年轻的母亲。

5.恋人鲜花搭配

可送红玫瑰、百合、红掌等单一花材或组合花束。妻子送给老公可搭配以扶郎花为主的花礼，取"扶助郎君"之意。

6.开业鲜花搭配

送开业花篮或发财树，取"生意兴隆"之意。

7.生日鲜花搭配

老人生日可搭配松枝、鹤望兰为主的组合花篮或花束，取"松鹤延年"之意；朋友生日可按星座幸运花搭配花礼，也可送红色为主的花，取"火红年华"之意；母亲生日送康乃馨；父亲生日送黄玫瑰；爱人生日送玫瑰、百合等。

8.乔迁鲜花搭配

一般送放于桌上的花篮。

9.宴会、会议鲜花搭配

一般搭配圆形、椭圆形的桌花，供四面观赏。花形不宜过高，以20厘米左右为宜，以免遮挡视线，尤其宴会用花，要注意枝叶的干净，有些叶子，如黄杨湿的时候很绿，干了后可看到叶上有土，要注意用前清洗。

10.演讲台鲜花搭配

演讲台插花不宜太高，一般为20～30厘米，部分花材下垂，因此冲下方向的花材要用茎柔软的花材，如兰花、文竹等。

11.机场接人鲜花搭配

可赠送单面花束，便于人一手拿行李，一手拿花。

只要你熟练掌握上述方法，就能轻松、专业地帮助顾客推荐、搭配鲜花了。

四、花色的搭配

花色搭配非常重要，也较难处理。因为花色最引人注目，最具感染力。所以插花作品中，花色搭配的好坏，常常成为作品成功与否的关键，也是花艺师艺术造诣高低的体现。花色搭配涉及许多有关色彩学方面的基本知识，花艺师应了解与掌握相关知识。

1.色彩的性质和特点

（1）色相的种类。色相可分为表6-2所示的四类。

表6-2　色相的种类

序号	种类	具体说明
1	原色	指能混合成其他色彩的颜色。有红、黄、蓝三原色
2	间色	用三原色中的任意两色混合而成的颜色。如橙色由红色与黄色混合而成；绿色由黄色和蓝色混合而成；紫色由红色和蓝色混合而成
3	复色	指由两间色混合而成的颜色，具有缓冲调和作用。如橙绿色由橙色与绿色混合而成；紫绿色由紫色与绿色混合而成；橙紫色由橙色与紫色混合而成
4	补色	一原色同另外两原色的间色之间为互补色，每对互补色都为一明一暗、一冷一热的对比色，如红和绿、黄和紫、蓝和橙

每一色相都有不同的明度（明暗、深浅变化）和不同的纯度（饱和度）。一般原色的明度和纯度最高，间色次之，复色最低。明度、纯度愈高，则颜色愈明亮、鲜艳，反之则愈灰暗。

（2）色彩的感觉。不同色彩给人以不同的反映和感受，如色彩的冷暖、远近和轻重等，这是人们长期生活实践的结果。人们对色彩的感觉分为如图6-4所示的三类。

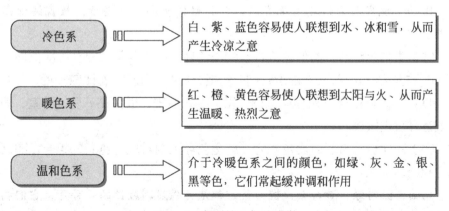

图6-4　色彩给人们的感觉

2. 花色搭配的要点

花色搭配实质上是处理不同花色之间的协调与对比、多样与统一的关系问题，因此首先应当遵照上述两条法则的要求进行搭配。具体要求如下。

（1）每件作品中，花色相配不宜过多，否则容易产生眼花缭乱之弊，一般以1～3种花色相配为宜。

（2）多色相配应有主次。如果礼仪用花要求喜庆气氛浓烈，选用多色花材搭配时，一定要有主次之分，确定一主色调，切忌各色平均使用。

（3）除特殊需要外，一般花色搭配不宜用对比强烈的颜色相配。如红、黄、蓝三色，各自的明度、纯度都很高，相配在一起，虽很鲜艳、明亮，但容易刺眼，应当在它们之间穿插一些复色的花材或绿叶，以起缓冲作用。

（4）不同花色相邻之间应互相呼应，以免显得孤立和生硬。

 开店锦囊

花色搭配最重要的一点是以色彩相和为佳，和则生动、神气。具体搭配应根据插花的使用目的、环境的要求以及花材容器条件酌情组合。

3. 常见的花色组合

（1）单色组合。选用一种花色构图，可用同一明度的单色相配，也可用不同明度（浓、淡）的单色相配。

比如，现代西方婚礼用花喜用白色新娘捧花和白色婚纱，极富纯洁高雅之趣。

（2）类似色组合。类似色组合，就是色环上相邻色彩的组合（即色环上任何90°夹角内三角组合）。由于它们在色相、相度、纯度上都比较接近，互有过渡和联系，因此组合一起容易协调，显得柔和典雅，适宜在书房、卧室、病房等安静环境内摆放。

（3）对比色组合。对比色组合，就是色环上两对应之色彩的组合，即互补色之组合。

比如，红与绿、黄与紫、橙与蓝，都是具强烈刺激性的互补色，它们相配容易产生明快、活泼、热烈的效果。

此种对比色组合，西方古典插花中最为常用，礼仪插花也常使用。

五、花束的制作

花束又叫"捧花",是用花材插作绑扎而成,具有一定造型,并有束把的一种插花形式。适合于各类社交活动,如迎接宾客、探亲访友、婚丧嫁娶等。

1.花束的结构

花束是一种礼仪用品,需要在人们手中传递和表示,这就要求花束能适合人的形体和体能。完整的花束是由如图6-5所示的三个部分组成。

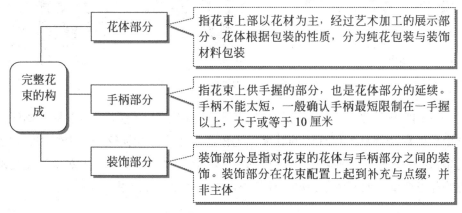

图6-5 完整花束的构成

2.花束的造型

常见的花束有单面观赏花束、四周观赏花束、单枝花束、礼盒花束、架构花束这五种造型。

(1)单面观赏花束。制作单面观赏花束时要求花面向外,尽量不要朝着身体。它的种类很多,有着很大的可变性。如扇形、尾羽形、直线形都可以作为单面形态出现。单面观赏花束造型如表6-3、图6-6所示。

表6-3 单面观赏花束造型

序号	花束造型	具体说明
1	扇形花束	是一种展面较大的造型,观赏的视觉冲击力较强。花束的展开角度应该大于60°
2	尾羽形花束	与扇形花束十分接近,展面略小,其展开角度小于60°
3	直线形花束	有着轻松、流畅的线条,该造型花体部分相对比较集中在中轴线附近,只是花枝伸展的前后跨度比较大

扇形花束

尾羽形花束

直线形花束

图6-6　单面观赏花束造型

（2）四周观赏花束。四周观赏花束是一种在手持状态下，可以从四周任何一个角度观赏都具备可观性的花束，比较适合在公众的礼仪场合中使用。它的造型很多，若设定中轴线，可以看到左右两半是同形同量的。当然也有变化形态的花束造型，如不对称组群、局部外挑等。如表6-4、图6-7所示。

表6-4　四周观赏花束造型

序号	花束造型	具体说明
1	半球形花束	是一种密集型的花体组合，无论大小，花束顶面始终呈圆形凸起状态。理想展示角度是以高度半径形成半球
2	漏斗形花束	是以花体侧面造型似漏斗状或喇叭状。漏斗形花束的花体部分比半球形长，其展开角度也较小
3	火炬形花束	是花自上而下逐层扩展的表现形态。从几何角度看，花体部分是一个等腰三角形。若从主体几何角度看，花体部分是一个圆锥形
4	放射形花束	是运用线状花材由花束聚合点向上及周围散射的形式。从侧面看与扇形外轮廓结构有相似的地方。从主体的角度看，造型与球形和半球形相似。造型既饱满又通透，既简约又富于变化，适合探亲访友或到他人居家拜访使用，这样的花束可直接放入花瓶
5	球形花束	是花材聚合成球状的造型。要求花束的构成完全呈球形是不可能的，因为手柄处需要留出部分空间。从其结构上分析，花束手柄的起始位置看似在圆的切线上

续表

序号	花束造型	具体说明
6	不对称组群的花束	是一种活泼、灵动的艺术形态，从结构关系上看，不同的花材分类组合，各花群按方位组合。但不论如何配置，所有的花材都必须围绕在中轴线的周围进行表现
7	局部外挑花束	并无明确的形态定式，是在各种规则的基本定式或形态上，用线状花材如钢草、熊草、文心兰等去突破框框，使原来规则的结构变得活泼。切勿使花体出现失衡现象，做到有变化而不失固有特色

半球形花束

漏斗形花束

火炬形花束

放射形花束

球形花束

局部外挑花束

图6-7 四周观赏花束造型

（3）单枝花束。单枝花束的馈赠在欧美国家十分普遍，这是一种礼仪，一种文明。它的使用还有许多文化因素存在，通过赠花能够说出语言难以表达的意思，还能营造良好的气氛。如图6-8所示。

图6-8 单枝花束

有含意的单枝花材多选用月季、香石竹、菊花等块状花，一来花枝坚挺易包装，二来每种花都有明确的含义。

（4）礼盒花束。礼盒花束一都是以束状体出现，但近年来也有些花束以盒装的形式出现。由于礼盒是花束的二次包装，因此，礼盒花束具有携带与传递方便的优点。如图6-9所示。

图6-9 礼盒花束

（5）架构花束。现代艺术潮流在影响世界文化的同时，也对插花艺术发生了任用。架构是现代花艺的一种表现方式，其创造性进一步提示新的意义和新的形态。架构花束可以分成两个部分考虑：一是构架的处理，二是花材的配置。构架具有装饰和固花双重作用。如图6-10所示。

图6-10　架构花束

3.花束的制作

花束制作的优劣最能反映出一个花店在业务上的能力。制作过程是由一个人单独完成的，包括花材的整理、绑扎、包装、装饰等。

（1）花材选择。花束的花材选择是有讲究的，不同的用途需要不同的花材去支撑，不同的花材会有不同的效果。应从主题花材、美观花材和陪衬花材这三个方面来考虑，同时应注意如图6-11所示的三个方面。

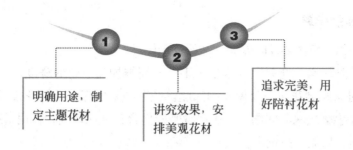

图6-11　花材选择的注意事项

整体的陪衬材料包括观叶材料和填充花材。陪衬花材不可随意搭配，需要与主花有良好的配合。

（2）制作方法。花束制作在插花范围是独具特色的，与其他插花技巧有所不同。最重要的是解决好枝干排列和固定方法，它直接关系到花束成败的关键。常规的花束制作，采用螺旋式和平行式两种枝干固定法。螺旋式花束枝干排列固定法，是制作花束最基本，也最重要的技巧。平行式以直线形等花束造型为主要制作对象。

（3）花束包装。用于花束包装的材料很多，常有塑料纸、彩纸、手揉纸、皱纹纸、棉纸、不织布等。包装方法有如图6-12所示的几种。

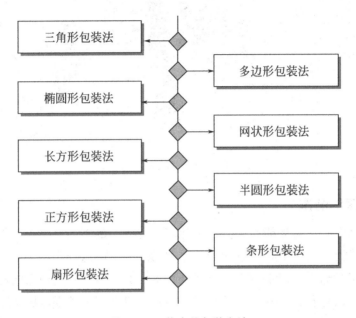

图6-12　花束的包装方法

4.花束的保养

制作好的花束需要及时保养才能保证新鲜。

（1）自身保水。花束在无水状态下，只能维护几小时的鲜度，制作者应在制作花束时考虑到花束自身保水的问题。花束的手柄部分是鲜花枝梗聚合的终点，从这着手解决保养问题。用少许脱脂棉包含花梗切口处，再用塑料纸包裹，完成花束包装后加入少量水。

（2）辅助保水。辅助保水是指将花束放入花瓶或水盘里水养。花束在制作中，花枝聚合在一起形成把束，长把束可以放在瓶中水养；螺旋状散枝的花束自身可以直立，只要在水盘里加水放入花束即可。

六、花篮插花的制作

花篮插花是指用木、竹、藤等材料编织的篮子作为花器,以鲜花或仿真花、干花作为花材,采取保湿,根据不同场合和用途而制作的插花艺术品。

1.花篮插花的功用

花篮的功用甚多,通常在喜庆宴会、迎送宾客、开业庆典、演出祝贺以及悼念活动中使用。花篮有艺术花篮和礼仪花篮,艺术花篮的表现手法和花瓶插花相同,只是花篮内要设法安置盛水和固定器具。礼仪花篮具有欧美风味,色彩绚丽、气氛热烈,在礼仪往来中较为常用。如图6-13所示。

礼仪花篮

艺术花篮

图6-13 花篮插花

2.篮器的形状和材料

篮是花篮插花的基本花器,市场上有专用的花篮。花篮的形状很多,常用的有浅口花篮、元宝花篮、荷叶边花篮、筒状花篮、双耳花篮、有柄花篮、无柄花篮、壁挂花篮、单层花篮、双层花篮、组合花篮等。花篮选用的篮子通常是用竹、柳、藤等材料编扎成的精巧工艺品。

3.花篮插花的类型

花篮插花分为以下两种类型。

(1)四周观赏花篮。四周观赏花篮要求花体四周对称,所用花材、花色分布匀称,从各个角度观赏都能获得同样的效果,不能出现主与次、正面与背面的区别。一般要求花体部分的直径要大于篮口的直径。如图6-14所示。

图6-14 四周观赏花篮

（2）单面观赏花篮。单面观赏花篮是以正面观赏为主，兼顾左右两侧的造型方式。单面观赏花篮的花体展示面较大，气氛强烈，有良好的视觉冲击效果。在插花应用中，花材可以更换。如图6-15所示。

图6-15 单面观赏花篮

4.花篮插花的制作

花篮的造型确定以后，花体定位是插花成败的决定因素。花体定位要根据花篮的形状和花材而定。通常是在篮口周围插上文竹、天门冬等观叶植物作陪衬，再将花朵大、色彩艳的主花插入篮内，接着插入一些中小型花朵的花枝，花枝间的空隙再插入一些观叶植物,一个花篮最多可用3～4种花色,以免使人产生杂乱感。

制作时,应注意如图6-16所示的事项。

事项一	不可选用粗大笨重的花材,否则与篮子轻盈的质地感不相协调
事项二	插作前应先在篮底铺垫塑料纸或放不漏水的小容器,然后再放置花泥,这样可以保证花泥吸水而又不向下漏水污染环境
事项三	为便于花篮的提拿或运输时不摇动,还应将篮内花泥用铁丝或竹签加以绑扎固定
事项四	花篮主要是通过其篮身、篮沿及篮把表现其造型特点,不可用花材把所有篮沿篮把缠满堵实

图6-16 制作花篮的注意事项

5. 花篮插花的保水

花篮插花的保水方法有以下两种。

(1)水具保水。即在花篮里放一个水盆或空罐、茶杯、碗等,按花篮本身特点选用水具更佳。

(2)花泥保水。花泥具有很强的吸水和保水能力,还可以根据需要任意切割。花枝插入花泥不会松散,花泥可以承受来自各个方向的花枝插入,但不宜反复使用。

七、婚庆插花的制作

婚礼插花是婚礼上的装饰用花。随着中国民众消费水平和审美的提高,大众对于婚宴中花艺的需求日趋旺盛,在一二线城市中,一场婚礼中花材的费用会占到总费用的三分之一,其中多项费用需要仔细考量。

1. 婚庆插花的特点

婚庆插花要求具备如图6-17所示的四个特点。

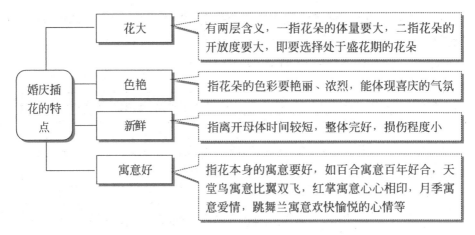

图6-17 婚庆插花的特点

2. 婚庆常用的花材

婚庆的常用花主要是玫瑰、绣球、百合、红掌、天堂鸟、跳舞兰、蝴蝶兰、月季、剑兰、洋兰、非洲菊、康乃馨、桔梗、满天星、情人草、勿忘我等；常用叶主要是巴西木叶、针葵、散尾葵、剑叶、龟背叶、水芋叶、文竹、蓬莱松、天门冬等。

3. 婚车装饰

制作美观大方的婚庆花车不仅可以提高婚庆仪式的档次，而且可以烘托愉悦、欢庆的仪式氛围，为新人们带来优雅的体验和美的享受。然而，婚庆花车的制作并不是一蹴而就的，有很多问题值得考虑和注意。如图6-18所示。

图6-18 婚车装饰效果截图

（1）车头布置。车头是婚庆花车制作的重点部位，它的装饰效果直接决定了花车的视觉效果。其制作过程如下：先用包装纸和包装带包裹花泥，然后用塑料吸盘将花泥固定在车头，塑料吸盘的数量是有讲究的，以6或8为宜，最后在花泥中依次插入轮廓花、主体花、填充花及填充叶。花泥、包装纸、包装带和塑料吸盘都要遮盖好，暴露出来会影响美观。

（2）车顶装饰。车顶的鲜花装饰相对比较困难，鲜花需要固定在一个较大的曲面上，固定时要确保牢固，且车顶装饰常采用下垂的瀑布式造型。车顶的装饰过程和车头类似，但是插花的高度略有不同。车头的插花高度需控制在30厘米以内，而车顶的插花高度需控制在20厘米以内。

（3）车尾装饰。车尾的装饰相对比较简单，且由于不受视线和空气阻力的影响，制作者有很好的发挥空间，其制作过程如下：用吸钩、吸盘和包装纸将装有心形图案的花泥固定在车尾处，然后在花泥中插入鲜花，以单品种为宜，不要混搭，最后用叶子填充花泥的空隙。

（4）车门装饰。车门是上下车的必经之处，所以车门的装饰起到锦上添花的作用，车门装饰的制作过程如下：用包装纸把月季或康乃馨和配叶包好（花卉品种忌混搭），用蝴蝶结包扎花卉后，用包装带和胶带将其固定在车门把手上即可。如果选用高档轿车则可以选用高档花卉，如红掌、百合等。

（5）车体边缘。对于车体边缘的装饰，可供选择的花卉包括百合、红掌、月季等；配花为情人草、勿忘我；配叶为文松或天门冬。如果选用简单的装饰，直接用胶带把花卉固定在车体边缘就可以了。如果要装饰得精致些，需要用塑料吸盘将花卉固定在车体边缘。花朵之间要保持一定的间距，而且要注意不能混搭。

4. 仪式区的布置

证言仪式的场地可以选择在户外的草坪、庭院，或者婚宴现场的主舞台。在可以享受阳光的户外，花艺装饰的色彩可以尽可能的粉嫩、活泼、跳跃。而在室内的婚宴主舞台，冷色调，或色调对比鲜明的花艺装饰可以很好地融合室内的环境灯光，在表现高雅气质的同时具有视觉吸引力。如图6-19所示。

5. 迎宾区的布置

迎宾区是带给来宾的第一印象，所以，既要风格统一又要别出心裁。婚礼花艺的花器，无论是玻璃的、藤艺的、盆型的、球形的、柱状的，从庄重高雅的大型花艺，到清新野趣的花艺小品，配合不同的场地条件，都可以达到不同的视觉效果。如图6-20所示。

图6-19　婚礼仪式区鲜花装饰效果截图

图6-20　婚礼迎宾区鲜花装饰效果截图

6.餐桌的布置

餐桌的花艺要恰如其分地烘托现场的气氛。婚宴大厅的高度、酒席桌数及餐桌的大小都是要考虑的因素。除了主花，为每一位来宾的餐巾扣上用相同花材点缀一支小花或叶片，能让婚礼更显精致。如图6-21所示。

图6-21 婚礼餐桌鲜花装饰效果截图

7.新娘手捧花制作

新娘的手捧花源自西方宗教结婚仪式，选捧花一般应与新娘的身材、服饰等协调搭配。

（1）手捧花的造型。手捧花的造型也是变化多端的，主要有如表6-5所示的几种。如图6-22所示。

表6-5 手捧花的造型

序号	造型	具体说明
1	圆形	将花材组合成半球形花束，是最经典、最百搭的手捧花款式
2	瀑布形	花材像瀑布一样向下垂坠延伸，整体造型呈现华丽的厚重感。根据新娘的身高和婚纱的款式确定瀑布的最佳长度
3	水滴形	水滴形的手捧花像一滴倒置的水滴，捧花上部呈圆形，下部逐渐变窄，比瀑布型的捧花更加轻巧精致
4	臂弯式	花束造型一般比较简练，保留比较长的花茎，强调优美的花茎线条，新娘手持的时候刚好放在臂弯，是非常优雅的手捧花
5	水平形	以手握的地方为中心，花材向横向水平方向延伸出去，洋溢着自然气息
6	新月形	貌似水平形的手捧，新月形的手捧花利用花材的曲线勾勒出优雅的弧线
7	手提式	一般是将花材组合成花球，花球上系上缎带，可以手提或者挂在手腕上，非常俏皮可爱。在日式婚礼上更加常见
8	复合式	将花瓣拆下重新组合，形成更大的"一朵"花，单独成为一个花束，或者跟其他的花材搭配使用
9	特殊造型	除了上面的常见款式，还有一些特殊造型的手捧花可以选择，比如心形、扇形等

图6-22 手捧花的造型

（2）手捧花的制作方法。手捧花的制作方法如表6-6所示。

表6-6　手捧花的制作方法

序号	制作方法	具体说明
1	手绑花束	直接利用花茎进行捆绑，也被称作自然茎手捧，是最自然、最常见的制作方法。为了让花朵持续吸水，在正式婚礼以外的时间，最好放在花瓶或浅盘中，以保证水分的供应
2	花泥托手捧	使用手捧花专用的花泥托，花泥托也有不同的款式，有直立向上的，也有倾斜的款式，可以制作成各种形状的手捧花。这种制作方法的最大优势在于能够持续地提供水分，同时，相比手绑花束也有了更强的可塑性，花头的位置更容易控制
3	铁丝式手捧	去掉每一朵花材的茎部，只保留花头的部分，用鲜花专用胶带将花头和铁丝缠绕在一起，这样就能够大大提高"花茎"线条的可塑性，也可以制作出非常精致小巧的手捧花
4	架构式手捧	利用各种天然或非天然的材料制作成花束的底座或框架，花朵可以是手绑的、接铁丝的，也可以是粘贴的方式。使用架构的制作方法能够实现千变万化的手捧花创意

8.胸花制作

胸花是装饰在新人胸前的花。主花一般用月季、洋兰、蝴蝶兰等，配花用满天星、情人草、勿忘我等，配叶用文竹、文松、天门冬等。制作时将单一的主花、配花、配叶用绿铁丝和胶带纸包扎，忌暴露包装材料，以免损伤服装和影响观瞻。如图6-23所示。

图6-23　胸花佩戴效果截图

胸花的色彩与大小要和新人的服装与身材相协调。胸花一般用1～2枚别针固定在服装上，要求服帖不倒伏。

胸花一般制作6朵，新人及双方的父母各一朵。

八、花器的选择

花器是插花作品的重要组成部分，有时花器选择正确与否直接影响作品的成败。而且花店在花艺制作之中，要讲究经济、实用与美观、大方。选用花器之前要先对花器的分类有个大致的了解，下面就来看看花器有哪些分类方式。

1. 花器的分类

花器按质地可以分为陶瓷类、玻璃类、金属类、石、木、竹、藤、塑料类等几种；按形式可以分为瓶、盆、篮、筒等各类。

 开店锦囊

知道了花器的大致分类方法，还应根据用途、场合及花材的色、形等因素来确定花器的形状、色彩、质地等。

2. 选择花器时应注意的事项

花艺师在选择花器时应注意如图6-24所示的事项。

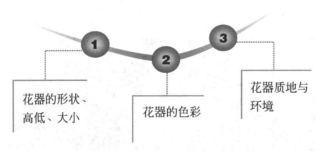

图6-24　选择花器时应注意的事项

（1）花器的形状、高低、大小。总体上来说，花器在外形上应大方、简洁、比例合适。花器的形状、高低、大小均与构图有密切的关系，特别是异形容器在整个构图中起的作用是无法比拟的。

（2）花器的色彩。通常花器以中性色、黑色、白色、灰色、银色为主。以素身没有画面为宜，因为插花本身就是活的立体画，花器画面不论好坏，都会影响插花构图的"纯度"，影响视线焦点不必要的移动。

此外，体量大的插花作品，应选择颜色比较重（如黑色）的容器，这样它在整个插花作品构图中，对重心平衡能起到很好的作用。

（3）花器质地与环境。花器选择时，要注意质地与环境相协调。

室内如果是中式家具、中式字画，最理想的搭配是古香古色的陶瓷类花瓶或铜制花器，这样人们就非常自然地将中式家具及字画与中国著名瓷都江西景德镇及福建德化陶瓷连为一体。

如果室内摆着西洋式沙发等家具，墙上挂着油画，若用陶瓷花器插花，就会显得不伦不类，极不协调。

如果居室里的家具多为竹类、藤类，而选购的插花花材又为草花或野花、野草等，花器选用竹、木筒就很适合，整个环境乡情浓浓，使人感到好像同归大自然的怀抱。

如果要表现婀娜多姿及飘逸的曲线，则适合选择那种高脚容器或者S形花器。一般会议室或中餐宴会插花选择浅口圆盘比较好，酒店的大堂和前台则适合选择比较典雅的陶瓷类花器。

 开店锦囊

对于经营花店的人来说，手上必须要有一些得心应手的适合自己操作的用具，这些用具对于插花、包装、保鲜及其他工作都很重要。

九、鲜花的包装

制作精美的鲜花要用合适的纸张去包装，就像枝叶衬托美丽的果实一样，合理的搭配才能让鲜花突出你所表达的意思和情感。因此，花艺师在包装鲜花时，要注意以下几点。

1. 不能损坏花卉本身的形象

包装只是起到一种辅助作用，主体还是花本身，因此，在包装的过程中不能损坏花本身的形象。

2. 要符合顾客的要求

包装时,不仅要满足顾客的要求,同时还要考虑到接受礼物一方的年龄、性别、爱好等。

3. 要结合时间、场所、目的、气氛等

在包装前先要了解顾客送花的目的,是祝贺用,是表达爱意用,还是看望病人用,不同的情况要选择不同的包装。

4. 不能只局限于自己熟练的包装方式

不能只用自己最熟练的方法,这样不仅没有进步,而且会离流行越来越远。要选择符合流行趋势的包装方法,并且努力在此基础上创造出新的包装方法。

5. 尽量使鲜花在运送时保持新鲜度,并且防止被损坏

做花束的鲜花要做保鲜处理,做花束前,先将鲜花浸在有保鲜剂的容器里进行浸泡。包装时要考虑到鲜花在包装后运送所需时间的长短及路途的远近。要做到在运送的过程中包在花茎下面的水不会流出来,并且选择能长时间维持花卉新鲜的包装。

6. 要在成本上多费心思

虽然包装使花卉的商品性提高,但不是所有的花都是包得越华丽越好。过分地包装会增加成本,因此,要把握好度,不要浪费。

7. 灵活运用各种装饰品和包装纸

灵活运用缎带、珠片、亮粉等一些小装饰品都可以为包装增色不少。另外,也要根据花束的特点来选择不同材料的包装纸,以便更好地展示花束。

8. 完成后一定要再次审查整体

完成包装后要检查一下整体是否平衡、是否结实等。

9. 要告知顾客持花的要领及保养方法

完成包装交给顾客时要告知对方持花的要领、运送方法、保养的知识及送花的礼仪等,同时可免费赠送一小袋鲜花保鲜剂给顾客,以延长花期。

 相关链接

花束包装纸大全

1. 牛皮纸

牛皮纸本身的复古自然色调,加上着色后的色彩,能够呈现与众不同的效果。若保留牛皮原色的双色呈现,则特别适合田园、森系或文艺感的花束设计。

2. 雾面纸

朦胧的感觉,像雾花一样,给人不真实却有一种别样的美感,同时能展现出花束高贵优雅的现代质感,加上其纯正的颜色,绝对是包花束的不二之选。

3.韩素纸

韩素纸相比雾面纸而言,其最大的区别在于雾面纸一面是有磨砂的颗粒感,而韩素纸两面都是光滑的。分不清的小伙伴们可以试着用这种方法区分哦!

4.玻璃纸

光滑明亮的玻璃纸柔软强韧,用于花束的外围包裹,可提升花束整体的时尚感,用于单枝鲜花打底,可提升鲜花的光泽度,起到提亮的效果,同时玻璃纸还可以作为鲜花底部的防水层使用,兼具美观、实用功能于一体。

5.雪梨纸

雪梨纸其实就是我们日常临摹硬笔书的拷贝薄页纸，因其包裹雪梨而出名。雪梨纸揉一揉会有蓬蓬的效果，给人一种特有的空气感，会使花束显得更加柔和和更具有立体感，适合打底层用。

6. 网纱

网纱因其纱质材料而给人一种仙气飘飘的感觉，不管是白色还是黑色，都能给花束增加浪漫梦幻感和神秘缥缈感，同时简约而不简单的设计，让人眼前一亮。适合做最外层的装饰。

7. 巴黎纸

巴黎纸因其独特的材质而具有不易撕破的特点，同时其简单的条纹图案，可以使你的花束更显高档，不仅能增加整体的美观，而且还能体现花纸的质量。

8. 圆舞曲纸

圆舞曲是诞生在维也纳的华尔兹轻舞曲，给人热情、浪漫和欢快的感觉。圆舞曲系列的同心圆包装纸，亦如舞动的裙摆，伴随鲜花的甜美，为花艺爱好者传递最美好的祝福。圆舞曲纸是近段时间比较流行的包装纸，它走出了方形的概念，让圆弧线条成为包花纸的浪漫示范，而且圆舞曲纸相比而言更加的柔美和富有曲线感，能够给花束设计带来新的灵感，适合外部装饰。

9. 麻片

麻片不像棉布那样平滑，而且纤维强度高，不易撕裂和戳破，具有生动的凹凸感，性价比高，与鲜花搭配可形成质感上的对比，适合外部打底。

10. 麻麻纸

麻麻纸图案中的细点和边框的颜色在包花束时，无论线条置上或者置下，均能轻松塑型，线条左置或者右置则能明确分割层次。倡导英伦雅风的时尚别致的麻麻纸，只要随意地搭配，包出来的花束就会给人不一样的感觉。能够有这样强大的效果，难道是因为"妈妈"在背后撑腰吗？

11.甜筒纸

甜筒纸一般是双面印刷的,厚度较大,而且外形和市面上卖的冰淇淋花筒的外包装相似度极高,用来包花束可以达到以假乱真的效果,相比普通包装纸包出来的花束,此款包装纸的花束更有冰淇淋的味道。

12.凌宣纸

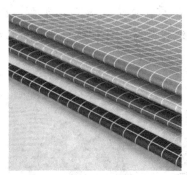

凌宣纸相比其他包装纸而言,纸张厚实,而且韧性好。加上其单纯的条纹图案,会使花束显得更加的高档,送女友必备包装纸之一哦!

13.欧雅纸

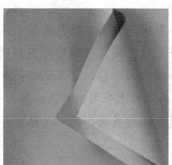

欧雅纸充满了浓浓的欧式风格，华贵中又不失柔美，光滑明亮的纸张，既能成为花束的独立包装，也能与各式纸张搭配，提升花束的层次感和光泽度，同时也能保护花儿。而且加上特殊的材料和制造工艺使得这款包装纸具有霸气的防水功能。

14.棉纸

细致的镂空花纹，柔和的纤维材质，色彩质朴而不华丽，搭配纯色，显得简约时尚，加上镂空的质感，细腻顺滑，宛如肌肤触摸，让视觉和触感在指尖流转。

15.牛油纸

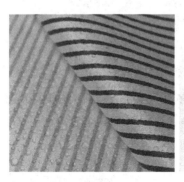 

清新淡雅的颜色，色彩质朴而不华丽，加上自然呈现的纸张纹理，细腻而富有手感，舒适的柔韧度以及适当的厚度，超强的防水和撕不烂揉不破的效果，细腻顺滑的磨砂质感和丝缎般的触感，非常适合花束包装，给人一种沉稳大气、低调奢华的感觉。而且由于采用的是高品质原生木浆纸，具有一定的光效性，能够展现出细腻朦胧的质感，绝对是包装界经久不衰的潮流。

16. 瓦楞纸

单色瓦楞纸又称素色牛皮纸，其纯色艳丽的外观在光线的映射下斑驳璀璨、简约时尚，凹凸的做工让纸张显得更有挺度，加上层层递进的纹路使花束更富有层次感，但是瓦楞纸比较脆，容易破，所以包花束的时候要小心一点。瓦楞纸也是花店常用的一款包装纸，当然还可用作艺术折纸。

17. 彩宣纸

彩宣纸主要用于单面花束，花纹颜色多样，容易包装，是一种常见的包装材料。

18. 花影纸

花影纸为改良后的柔胶纸，防水性好，任捏不破，有顺滑光洁的纸面效果，细腻的色彩展现，轻巧的滑面手感。花影纸是为独枝或者多枝花朵而定的比例，单张或者多张的组合叠加，尖角或者圆弧的造型，完全任由你掌控，给你的花束带来更多的创作空间。

19.英文报纸

英文报纸适用于单面花束或者圆形花束，复古的咖啡色搭配黄色的向日葵，给人积极向上的感觉。简单而又实用的英文报纸，是花店非常喜爱的包装材料之一。

第七章 花语导购

第七章
花语导购

导语

每一种花都有它的花语，花语代表着送花者的祝福。花是最经典、最浪漫的礼物之一，而不同的花也有不一样的含义，到底什么样的花适合什么样的人？作为花店经营者，要具备相关知识，才能为顾客指点迷津。

一、常见鲜花花语

自然界中的花花草草就和人类一样，有自己特有的形态、结构和个性，因而人们常赋予花卉个性化的语言，也就是说用花卉内在的美来表达人们的某些理想和意念，这就是花语。

1. 玫瑰花语

在古希腊神话中，玫瑰集爱与美于一身，既是美神的化身，又溶进了爱神的血液。在世界范围内，玫瑰是用来表达爱情的通用语言。每到情人节，玫瑰更是身价倍增，是恋人、情侣之间的宠物。玫瑰代表爱情，不同颜色、朵数的玫瑰还另有吉意。

（1）不同颜色玫瑰的花语。不同颜色玫瑰的花语如表7-1所示。

表7-1 不同颜色玫瑰的花语

序号	颜色	花语
1	红玫瑰	热恋，希望与你泛起激情的爱
2	白玫瑰	纯洁、高贵、天真和纯纯的爱
3	粉红玫瑰	感动、爱的宣言、铭记于心、初恋，喜欢你那灿烂的笑容
4	黄玫瑰	纯洁的友谊和美好的祝福
5	香槟玫瑰	我只钟情你一个
6	紫玫瑰	成熟的爱，你的幸福比我的重要
7	绿玫瑰	纯真简朴、青春长驻、永不老去的爱情
8	黑玫瑰	温柔真心，独一无二；你是恶魔，且为我所有

（2）不同朵数玫瑰的花语。不同朵数玫瑰的花语如表7-2所示。

表7-2 不同朵数玫瑰的花语

朵数	花语	朵数	花语
1朵	你是我的唯一（一见钟情）	2朵	世界上只有你和我（你浓我浓）
3朵	I LOVE YOU	4朵	至死不渝
5朵	由衷欣赏	6朵	互敬、互爱、互谅
7朵	我偷偷地爱着你	8朵	感谢你的关怀、扶持及鼓励

续表

朵数	花语	朵数	花语
9朵	长相守、坚定	10朵	十心十意，十全十美，无懈可击
11朵	爱你一生一世	12朵	全部的爱；对你的爱与日俱增
13朵	暗恋，友谊长存	14朵	骄傲
15朵	歉意	16朵	一帆风顺，顺利，顺心
17朵	伴你一生	18朵	永远年轻、真诚、坦率
19朵	爱到永久	20朵	此情不渝，永远爱你
21朵	真诚的爱	22朵	双双对对、两情相悦
24朵	思念、纯洁的爱	30朵	请接受我的爱
33朵	三生三世的爱恋	36朵	我的爱只留给你
40朵	誓死不渝的爱情	44朵	至死不渝、山盟海誓、亘古不变的誓言
48朵	挚爱	50朵	无悔的爱
51朵	我心中只有你	56朵	吾爱
57朵	吾爱吾妻	66朵	我的爱永远不变
77朵	喜相逢、求婚、情人相逢、相逢自是有缘	88朵	弥补歉意、用心弥补一切的错
99朵	天长地久	100朵	白头偕老、百年好合
101朵	唯一的爱	108朵	求婚
111朵	无尽的爱	123朵	爱情自由、自由之恋
144朵	爱你生生世世	365朵	天天爱你
999朵	无尽的爱	1000朵	忠诚的爱，至死不渝
1001朵	直到永远	1314朵	一生一世
9394朵	永生永世		

2.蓝色妖姬花语

蓝色妖姬是一种加工花卉，由月季和蔷薇多种杂交及研制所得。它通常是用一种染色剂和助染剂调合成着色剂，将鲜花喷染成型，最早来自荷兰。

蓝色妖姬的花语是清纯的爱和敦厚善良，适合送给恋人、爱人。但是不同枝数的蓝色妖姬代表的意义不一样，如表7-3所示。

表7-3 不同枝数蓝色妖姬花语

枝数	花语
单枝	相守是一种承诺,人世轮回中,怎样才能拥有一份温柔的情意
双枝	相遇是一种宿命,心灵的交汇让我们有诉不尽的浪漫情怀
3枝	你是我最深的爱恋,希望永远铭记我们这段美丽的爱情故事
7枝	无尽的祝福
11支	一心一意
12支+满天星	哦,我的玫瑰情人,我要挑逗你、诱惑你、宠爱你、纵容你!我要你做我的蓝色精灵,对全世界扬起骄傲的唇角,在爱的天空中翱翔
19枝	爱是蓝色的海洋,在你我的浪漫世界里,我要爱你疼你保护你,一辈子和你在一起
33枝	想与你永结美好,手牵手,去一个叫永远的地方,不分不离,直到终老
99枝	情不知所起,一往而深,生者可以死,死者可以生,我的爱注定今生只为你一个人

3.百合花花语

百合花以其宁静内敛的特点深受人们的喜爱。不同颜色百合花的花语如表7-4所示。

表7-4 不同颜色百合花花语

序号	颜色	花语
1	白百合	纯洁、纯白、优雅、高贵、庄严、心心相印
2	黄百合	财富、高贵、荣誉、快乐、吉祥
3	粉百合	象征清纯、高雅
4	圣诞百合	喜洋洋、庆祝、真情、望乡
5	虎皮百合	执着的爱
6	狐尾百合	尊贵、欣欣向荣、杰出
7	玉米百合	执着的爱、勇敢
8	编笠百合	才能、威严、杰出
9	水仙百合	喜悦、期待相逢
10	黑百合	诅咒、孤傲
11	野百合	永远幸福
12	幽兰百合	迟来的爱

开店锦囊

黄百合的花语有两种意思：如果在朋友之间用就象征友谊永恒，但如果在情侣间用就是分手，其实也算是同一种意思吧，友谊情侣用友谊就是分手。

4.郁金香花语

花开七色，颜色各异。郁金香有很多不同的颜色，热情红、优雅黄、娇艳粉、高贵紫、神秘黑、纯洁白……不同的颜色有着不同的含义。不同颜色郁金香的花语如表7-5所示。

表7-5 郁金香花语

序号	颜色	花语
1	白色郁金香	纯情、纯洁；失恋、失去的爱
2	黄色郁金香	（1）高雅、珍贵、财富、爱惜、友谊 （2）表示没有希望的爱、无望的恋情
3	粉色郁金香	（1）美人、热爱、爱惜、友谊、幸福 （2）永远的爱
4	红色郁金香	（1）爱的告白、爱的宣言、喜悦、热爱 （2）表示我爱你
5	紫色郁金香	高贵的爱、无尽的爱、最爱；永不磨灭的爱情、永恒的爱、此生不悔
6	黑色郁金香	（1）忧郁，绝望的爱、美丽却悲哀的爱情 （2）神秘，高贵，代表骑士精神
7	双色郁金香	美丽的你、喜相逢
8	羽毛郁金香	情意绵绵

5.康乃馨花语

康乃馨是优异的切花品种，花色娇艳，有芳香，花期长，适用于各种插花需求，常与剑兰、文竹、天门冬、蕨类组成优美的花束。不同颜色康乃馨的花语如表7-6所示。

表7-6 不同颜色康乃馨的花语

序号	颜色	花语
1	紫色康乃馨	率性、任性和变幻莫测,紫色康乃馨花语也象征着母亲的高贵、优美、高雅和最真的爱
2	桃红色康乃馨	热爱着你
3	深红色康乃馨	热烈的爱、深深的爱和关怀
4	米红色康乃馨	伤感、伤心
5	黄色康乃馨	对母亲的感激之情,还表达一些不好的意思,有着你让我感到失望、抛弃、藐视等意思
6	白色康乃馨	吾爱永在、真情、纯洁,还表达甜美而可爱、天真无邪、纯洁的爱、纯洁的友谊、真情和尊敬

6.蔷薇花语

在中国,蔷薇代表爱情、喜庆,年轻男女之间互赠红色蔷薇花,寓意初恋之情。而结婚时,亲朋好友可赠送红色或者粉色蔷薇花,表示祝福新人婚姻美满、幸福吉祥。在欧洲,送女性一枝蔷薇,表示求爱;在法国,红色蔷薇表示"我疯狂地爱上了你",白色蔷薇表示"爱情悄悄地萌发"。不同颜色的蔷薇其花语也不同,具体如表7-7所示。

表7-7 不同颜色蔷薇的花语

序号	颜色	花语
1	红蔷薇	热恋
2	白蔷薇	纯洁的爱情
3	粉红蔷薇	爱的誓言,浪漫的爱情,我要与你过一辈子,我要嫁给你
4	黄蔷薇	永恒的微笑
5	深红蔷薇	只想和你在一起
6	圣诞蔷薇	追忆的爱情、不要为我担心。纪念逝去的爱情

7.紫罗兰花语

紫罗兰,花朵茂盛,花色鲜艳,香气浓郁,花期长,花序也长,适宜于盆栽观赏,常用于布置花坛、台阶、花径,整株花朵可作为花束。不同颜色的紫罗兰,其花语也不相同,具体如表7-8所示。

表7-8 不同颜色紫罗兰的花语

序号	颜色	花语
1	白色紫罗兰	诚实、清凉,让我们抓住幸福的机会吧
2	粉色紫罗兰	誓言
3	紫色紫罗兰	在美梦中爱上你、对我而言你永远那么美
4	黄色紫罗兰	微笑、淳朴
5	蓝色紫罗兰	警戒,忠诚,我将永远忠诚
6	三色紫罗兰	纯爱

8.其他鲜花花语

花店经营者除了要掌握上述鲜花的花语外,对其余一些常见的鲜花也要了解它的花语。表7-9所列的是一些常见鲜花的花语。

表7-9 其他常见鲜花花语

序号	鲜花	花语
1	梅花	坚强、高雅和忠贞
2	兰花	美好、高洁、贤德
3	竹	高洁,坚贞,正直,秉直
4	菊花	清净、高洁、我爱你、真情、长寿
5	合欢	夫妻恩爱
6	紫丁香	多愁善感的暗恋
7	忽忘我	大于友情,恋人未满
8	忘忧草	放下吧
9	水仙	自恋、敬意、纯洁、吉祥、孤独
10	洋桔梗	真诚不变的爱,纯洁、无邪、漂亮、感动,富于感情
11	红掌	大展宏图、热情、热血
12	薰衣草	等待爱情,只要用力呼吸,就能看见奇迹
13	扶郎花	有毅力、不怕艰难,以及喜欢追求丰富的人生
14	茉莉花	忠贞、尊敬、清纯、贞洁、质朴
15	马蹄莲	爱无止境
16	非洲菊	象征神秘、互敬互爱,有毅力、不畏艰难

续表

序号	鲜花	花语
17	鹤望兰	自由、吉祥、幸福快乐
18	剑兰	怀念之情、用心、幽会、爱恋、长寿
19	石竹	怀念之情、用心、幽会、爱恋、长寿
20	晚得玉	危险的快乐
21	向日葵	沉默的爱,爱慕,忠诚
22	鸢尾	爱情和友谊、希望、童话
23	帝王花	胜利、圆满,富贵吉祥
24	满天星	甘愿做配角的爱,只愿在你身边
25	情人草	执着、暗恋,要的就是我们的爱情一定要完美,始终如一、千古不变
26	蓬莱松	长寿
27	散尾葵	柔美、如此优美动人
28	睡莲	洁净、纯真、妖艳以及纯洁、迎着朝气、抛去暮气

二、花语组合的含义

美不胜收的花卉是大自然恩赐于人类的朋友。人们喜欢花卉,并根据习性形态赋予了人性化的语意。

1.会意组合

会意组合是指用两种或两种以上的花材,根据寓意之间的关系组合成一种花,综合表示这些花材合成的含义。

(1)岁寒三友。以松、竹、梅组合。三友皆寓有风格、品德,是文人雅士的象征。

(2)四君子。梅、兰、竹、菊的组合。喻人品的高风亮节。

(3)玉树临风。以玉兰花与芝兰组合。将二者比喻人才。

(4)杞菊延年。以枸杞和菊花组合。喻为健康久寿之意。

(5)尚书红杏。书和杏花的组合,或书桌上陈设杏花。杏花为"第一名及第花",比喻有金榜题名,步步高升之喜。

（6）桃花、桃子。桃花与桃子造型器物的组合。桃花和桃子有长寿延年之意。

2. 谐音组合

谐音组合是指花材名称的字音与吉祥语相结合。

（1）一品清廉。一枝莲花喻为一品清廉。莲花为花中君子，出淤泥而不染。"青莲"与"清廉"音扣合。

（2）平安长春。平安长春是指月季花与翠竹组合。月季花因四季常开，亦称"长春花"。

（3）竹报平安。竹子代表平安。

（4）夫荣妻贵。夫荣妻贵是指桂花与芙蓉组合。"芙蓉"与"夫荣"音同，"桂"与"贵"同音。

（5）群仙祝寿。群仙祝寿是指寿石与水仙、翠竹组合。数枝水仙寓意"群仙"，"竹"与"祝"音扣合。寿石，喻长寿。

（6）兰桂齐芳。兰桂齐芳是指兰花与桂花组合。喻子孙绵延，事业有继。

（7）合和万年。合和万年是指百合与万年青的组合。喻百年好合，金婚、银婚。

三、如何按用途送花

送花要因人而异、因事而异，并不是所有顾客都懂这些，因此，作为花店经营者，就要懂得如何按不同的场景给顾客搭配合适的鲜花，以表达送花者的心意。

1. 祝寿送花

祝福长辈生辰寿日时，可依老人的爱好选送不同类型的祝寿花，如百合花语是百事合意、心想事成，马蹄莲花语是高洁、伟大，都是寓意美好的花束，但是寿宴是喜事，不适合送一束纯白的花，需要搭配其他花材来点缀。

若举办寿辰庆典的可选送生机勃勃、寓意深情、瑰丽色艳的花，如玫瑰花篮，以示隆重、喜庆；对爱好高雅情趣的老人，如能送去一盆松柏、银杏、古榕等名贵桩景，则更能表达对长者的崇敬心情。

祝贺青年生日，宜选象征火红年华、前程似锦的一品红、红色月季等；祝贺中年亲友生日，可送石榴花、水仙花、百合花等。

开店锦囊

送花给长辈,可以选择盆栽、花束、花篮,其中手提花篮给人一种稳重的感觉,而且装饰性强,较花束而言更显大气。所以贺寿一般以送花篮为主。

2. 开业送花

庆贺开业庆典,适合送开业花篮和绿植。

(1)送花篮。目前最流行的一种方式就是送开业花篮,主要是为了吸引人气,因为花篮美丽夺目,来往的人群多,算是在开张那天做一次广告。花篮一般就是上下两层,关系好的或者是高级场所开业,都是送的3～5层的高档花篮。

(2)送绿植。绿植郁郁葱葱、生机勃勃,比较适合摆在室内或者是店门口,可以用来装饰或者净化空气。而且不像花篮是短时间的,绿植可以一直养着它。店面开业比较适合送那种落地的盆栽,如金钱树、发财树、金钱榕、千手观音等,而且名字吉利,寓意也好。

开店锦囊

不管是送花篮还是盆栽,一定要提前问好开业时间,因为开业典礼都是早上举行的,送的礼物要比典礼早点到达,才显得有意义。

3. 乔迁送花

朋友乔迁之喜,可以送上鲜花以表贺意。

(1)红掌。红掌花语是大展宏图,那耀眼的红色,也象征着红红火火,祝福房主搬进新家一切顺利。

(2)牡丹花。牡丹花花语是圆满、浓情、富贵。牡丹花是我国的国花,是富贵的象征,搬家送牡丹花,代表着富贵吉祥。

(3)君子兰。君子兰花语是高贵。在搬家的时候送上君子兰,表达出你对主人的赞扬。

4. 婚庆送花

热恋中的青年男女或友人新婚祝贺，一般要选送红色或朱红色、粉红色的玫瑰花、郁金香、火鹤花、热带兰配以文竹、天门冬、满天星等；或选用月季、牡丹、紫罗兰、香石竹、小苍兰、马蹄莲、扶郎花等配以满天星、南天竹、花叶常春藤等组成的花束或花篮，既寓意火热吉庆，又显高雅传情，象征新夫妇情意绵绵，白头偕老，幸福美好。

5. 探病送花

鲜花不仅可以用来表达爱意，更是可以用来祝福，给失落的人力量，给虚弱的人温暖。给病人送花，无异于雪中送炭，在他最需要帮助的时候送上最温馨的关怀。可选用花色、香味淡雅的鲜花，如剑兰、兰花、金橘、六出花、玫瑰及康乃馨等。

有些人心意很善良，但表达方式往往不对，作为花店经营者应当告知顾客，送花是为了给人增添欢乐气氛，带来怡神悦目的欣喜情感和艺术美的享受，因此要注意某人、某地对某些花的忌讳风俗，以免错送了花引起对方不快。

（1）忌送的花色。探望病人忌送白色、蓝色、黑色花卉。鉴于病人的心情极为复杂，探病送花要注意防止产生误会。尽可能送些病人平常所喜欢，或较为娇艳的花草，绝不可送白的、蓝的或黑的花卉。宜选色彩鲜艳的剑兰、康乃馨、红掌等，忌用白色、黄色的菊花、天堂鸟等。

（2）忌送的数目。探望病人时，送花的数目也有讲究，忌送4、9、13等数量的花，这几个数字对病人往往认为不吉利。

（3）忌送的品种。如广东、香港等地人民因方言谐音关系，探视病人时切勿带剑兰，因"剑兰"与"见难"谐音（意思是今后再见面难）；更忌吊钟花，因"吊钟"与"吊终"谐音；还有"茉莉"与"没利"谐音；梅花的"梅"与倒霉的"霉"同音，因此这些花都不宜轻易送人。

 开店锦囊

探视病人送花，不选有花粉和浓香刺鼻的花，以免引起病人敏感或不良反应，若病人喜闻香花，可送中国兰花、米兰等具有清幽香气的花。

四、如何按对象送花

1. 给长辈送花

给长辈送鲜花,也就是表达对长辈的关怀问候,传达自己的祝福。给长辈送花时,可选择以下几种。

(1)康乃馨。康乃馨一直都被寓意为送给妈妈的鲜花,其实对于家里的长辈来说,康乃馨也是很好的一种选择。美丽而不失娇艳,华丽而不失高贵,平凡而不失问候的寓意,送给长辈康乃馨,可以表达送花者的敬意,传达送花者的问候。

(2)百合花。百合花一直都是高洁的象征,香味儿清新宜人,花瓣低调而又艳丽,绽放的花瓣中,花蕊如精灵般矗立在花朵的中间,站立鳌头,既妖娆又唯美。送给长辈百合花,包含着身体健康长寿、家庭和睦、工作顺心、心想事成等含义。

(3)向日葵。向日葵是面向着太阳的鲜花,跟随着太阳的鲜花,一直都是蒸蒸日上的寓意。送给家里的长辈,体现出送花者对他的尊敬,也祝福长辈身体越来越好。

(4)郁金香。郁金香的花语博爱、体贴、高雅、富贵、能干、聪颖。郁金香是高雅的,也是贵气十足的,在荷兰,郁金香被称为国花,在送给长辈的时候,一束郁金香能表达出对长辈博爱的感谢之意。

 开店锦囊

送长辈可以选用花束、花盒、花篮、盆栽,您最好选用花篮,手提花篮送于亲人长辈有一种大气稳重的感觉,也有装饰长辈居家环境的作用。

2. 给领导送花

给领导送鲜花是比较合适的,首先鲜花是具有观赏价值的,并且还能够显得送花和收花的双方都非常的时尚有品味,而不同的鲜花代表着不同的寓意,能够更好地表达出祝福和尊敬的含义,尤其是在一些国企单位当中,送鲜花不仅时尚,还能够避免被别人误会。

一般而言,对于年龄较大的领导送盆栽花卉是比较好的,不管摆在哪里都显得大气端庄。当然也可以送礼品花束,礼品花束的主要好处在于观赏性好,而且能够多种花材搭配表达对于领导更多的尊敬和感激之情。

但是，对于不同的领导在选择花材的时候应该注意以下几点。

（1）给女性领导最好是不要送红玫瑰，建议选择百合、红掌之类的比较好。给年长的女性领导可以送一束康乃馨，代表着尊敬。

（2）给男性年轻领导可以选择蝴蝶兰、黄玫瑰等鲜花，也可以送红掌或者百合花。给年长的男性领导可以送向日葵等，表示一帆风顺、步步高升。

（3）如果是送给私企的领导人的话，可以选择发财树之类的植物，这样有祝愿公司生意兴隆的意味，领导一定会喜欢的。

开店锦囊

送给领导的花，一定要是寓意好的鲜花，如百合、向日葵、发财树等；还要是大气美观的鲜花，这样不仅能体现出本身花的高贵，还能衬托出领导的气质，让领导心花怒放。

3.给老师送花

师恩难忘，给老师送花，就是要表达送花者的感恩之情。适合送给老师的花主要有以下几种。

（1）剑兰。剑兰花代表的意思是"怀念、用心、长寿、福禄、康宁和坚固"。这也代表着祝愿我们敬爱的老师永远健康快乐，师生间的友谊永久长存。

（2）文竹。文竹寓意老师文气十足，师爱永恒。文竹容易抽出新枝，学生的新知不断而来。摆在老师办公室的桌上挺有生命力的，而且可让老师长期把你的心意留下。

（3）康乃馨。虽然说教师节送康乃馨已经"老掉牙"，但仍然无损它在花中的地位。康乃馨的花语有热情、魅力、真情、温馨的祝福、热爱着你、慈祥、不求代价、宽容、伟大、神圣、慰问，很是适合作为教师节礼物。不过，康乃馨有多种花色，粉色康乃馨适合送给女老师，红色康乃馨则男女皆宜。

（4）水蜜桃玫瑰。水蜜桃玫瑰花有桃李满天下的意思，在你送上花束的同时，也把自己的桃李送上，表示老师桃李满天下。

（5）郁金香。郁金香代表神圣、祝福、永恒，这是给老师祝福的永恒。可以单送，或者组合成一个花束，或者小花篮。

（6）百合花。百合花象征着女性之美，代表了纯洁的心灵。百合花色彩丰富，白百合花被认为是圣母之花，黄色百合花表示感激和快乐。所以百合是一种可以提高花束档次的花，非常适合送给女老师。

 开店锦囊

送给老师的花，一般都会摆放在办公室，最好是可以立着放在桌上的鲜花花束；也可以选择花瓶插花，花瓶插花，鲜花的保存时间更长。

4.给妻子送花

通常恋爱时可能因为示爱，更多的时候男生给女生送的是玫瑰，但是婚后，因为有了感情的基础和婚姻的保障，给女生送的花，可以尽量多样化，比如百合、郁金香、马蹄莲、满天星、向日葵等。

（1）玫瑰。玫瑰长久以来就象征着美丽和爱情，送给妻子自然是非常妥帖的。

（2）郁金香。郁金香高雅脱俗、清新隽永，花语是爱、美丽、祝福、永恒，紫色郁金香更代表忠贞的爱。它的美好，让爱情"永恒"！

（3）马蹄莲。马蹄莲气质高雅，寓意"忠贞不渝，永结同心"，简直就是最美丽的"山盟海誓"。

（4）百合。百合外表高雅纯洁，有"百年好合"之意。被它祝福的爱情会不会像被施了魔法一样，始终如一。

（5）蝴蝶兰。其花姿优美、颜色华丽，有"兰中皇后"之美誉，花语是"我爱你"。这样的高贵自然是对妻子的最好赞美。

（6）鸢尾。鸢尾花是爱的使者，紫色鸢尾寓意爱意和吉祥。

 开店锦囊

不一样的鲜花不仅能让对方体会不一样的心情，还能让房间里因为鲜花的装饰而显得生机勃勃，更是让生活都显得丰富多彩。

5.给恋人送花

喜欢鲜花是女人的天性，所以很多男士在追求女生的时候都会选择送花这样既浪漫又有情调的方式，但是这样的方式确实十分的奏效，真的能够让女生芳心大悦，很多女生就是这样被俘虏的。

（1）玫瑰——代表美丽和爱情。玫瑰是爱情的最美化身，能最直接最简单地打动女孩子的芳心。

（2）百合——代表纯洁和女性之美。百合有"云裳仙子"之称，纯洁无瑕、清丽脱俗，最为素雅女子喜欢。

（3）绣球花——代表希望和美满。绣球花大而美丽，形如绣球，能够自然而然地引发我们内心对美好爱情的向往和希望。

（4）满天星——代表纯洁和思恋。满天星洁白无瑕，如繁星点点，最能让女生感受到对方那份纯净的爱意和默默的思恋。

 相关链接

不适合送给另一半的花

很多人在节假日会选择给自己的另一半送鲜花，作为花店经营者，要提醒顾客下述鲜花最好不要送给另一半。

1. 黄玫瑰

黄玫瑰花语悲伤和分手。送黄玫瑰给另一半，只会让另一半以为你要和她分手，所以，千万不要送给另一半黄玫瑰。

2. 紫色风信子

紫色风信子花语悲伤、妒忌。紫色的风信子很美，但是却是代表着不友善的爱，所以，千万别送另一半紫色风信子。

3. 桔梗

桔梗花语无望的爱。这是对爱情的绝望，看不到希望的爱，送一束桔梗花给另一半，你会让她觉得你对你们的爱情没有信心。

4. 彼岸花

彼岸花花语死亡和分离。这是象征着情侣会分开的花，不要送给自己的另一半。

5. 昙花

昙花一现是俗语，所以昙花花语就是刹那的美丽，一瞬间永恒。

6. 给朋友送花

一个丰富多彩的人生离不开友情的陪伴，在适当的时机给朋友送上一束花，能让两人的友情更浓。代表友情的鲜花主要有如图7-1所示的几种。

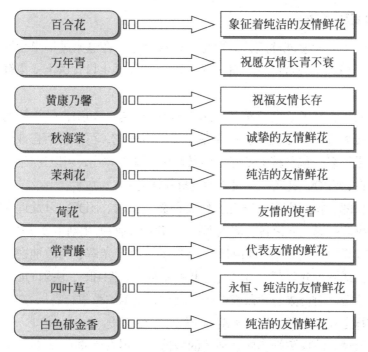

图 7-1 代表友情的鲜花

7. 给客户送花

送客户送花是一个非常重要的学问，送花是表示关心与尊重，但是也容易出错，送一些有忌讳的花，容易引起客户的反感。花店经营者可以根据鲜花的花语来给客户搭配一束花，这样就不会出错了。

（1）扶郎。扶郎花语是神秘、互敬互爱、有毅力、不怕艰难、永远快乐，扶郎花寓意喜欢追求丰富的人生。

（2）向日葵。向日葵因为向着太阳生长而得此称，赠予客户，表示对他的敬佩与尊重。也是寓意着天天向上的勇敢精神。

（3）香槟玫瑰。香槟玫瑰，淡雅高贵，赠人一束香槟，以礼相待，视为贵宾。

 开店锦囊

菊花是不能送给客户的，不管是中外客户都不要送。大多数人认为菊花不吉利，是送逝者的，连菊花茶都不能送。其他白色的鲜花在中国人看来也有不祥的意思。

8.给同事送花

在工作中,大家能够成为同事也是一种缘分。在越来越追求生活品质的时代,鲜花已成为不可或缺的一部分了。因此在同事生日,送上一束鲜花是不错的选择。

一般而言,扶郎、向日葵适合送给所有的同事。如果你们之间的关系非同一般,就要多花一份心思了。如果是送女同事鲜花,可以送百合或者玫瑰,不一定要数量很多,包装精美就好;如果是送男同事鲜花,可以送剑兰、马蹄莲、郁金香、白百合等,花色上尽量不要选择粉嫩色的。

(1)扶郎。扶郎别名太阳花,代表积极、热情、阳光,以及追求丰富的人生。送同事鲜花送上一束各色的扶郎花,寓意祝福对方生活多姿多彩。

(2)向日葵。向日葵别名朝阳花,象征信念、光辉、勇敢地去追求自己想要的幸福。送同事向日葵,可以给同事带去如太阳般明朗、快乐的心。

(3)百合。百合素有"云裳仙子"之称,寓意"百事合意",在中国一直被认为是吉祥之花,在西方作为圣洁的象征,广受喜爱。

(4)玫瑰。玫瑰象征美丽、纯洁的爱情,最得女生欢心;其中红、粉、白、香槟玫瑰搭配其他花材可以送给同事。

(5)剑兰。剑兰叶似长剑,花朵由下往上渐次开放,象征节节高升,而且还有"用心"的花语,送给男同事的话简直是绝佳之选。

(6)马蹄莲。马蹄莲花苞片洁白硕大,宛如马蹄,形状奇特,花语是永恒、希望、春风得意,让人想到"春风得意马蹄疾"的意气风发。

(7)郁金香。郁金香是荷兰的国花,象征神圣、幸福、美好与胜利,有祝福之意。

五、如何按节日送花

中国是一个比较传统的国家,每个传统节日都有着不同的意义,在这个节日里所要送的花也不尽相同,有着不同的送花含义。

1.元旦

每年的一月一日,一年复始,万象更新,举国欢庆,合家欢喜。元旦用花并无特定的习俗,表示喜庆的花卉都可以在元旦节馈赠亲朋好友。一般送花可送百合、剑兰等,意味"百事合意""一年更比一年好"。

2. 春节

春节是中华民族最古老、最喜爱的传统节日，是辞旧岁、迎新春的欢乐日子，是亲情、爱情、友情的大团圆，因此人们对春节用花的普遍心理是：色彩要鲜艳，能体现出合家欢喜、繁荣昌盛的美好心意。所以宜用表现热烈、宝贵、吉祥的花卉馈赠亲友或装扮居室。

常见的春节送礼盆花分为木本、观叶、草本三类。

（1）木本类。山茶、腊梅、桃花、月季、金橘、四季橘、佛手、牡丹、杜鹃等。

（2）观叶类。散尾葵、棕竹、龙血树、富贵竹等。

（3）草本类。水仙、蟹爪兰、仙客来、爪叶菊、热带兰、非洲紫罗兰、报春花、报岁兰、花毛茛、郁金香、风信子、百合、万寿菊等。

3. 情人节

每年的2月14日是玫瑰花的天下，红艳艳的玫瑰花妩媚娇艳，芳香醉人，带来爱意无限。初恋时讲究送含苞欲放的粉红色玫瑰；热恋情深和爱情成熟时要送盛开的娇红或紫红色玫瑰。由于近年来名花辈出，也有向情人兼送郁金香、香石竹、非洲菊等其他鲜花的做法。

4. 妇女节

阳历每年的三月八日。如果是集体庆祝活动一般不需要送花，但如果向自己的妻子、女友赠送鲜花表示祝贺，都会让对方感动。一般可送的花有康乃馨、月季、百合、萱草、香石竹、山茶、小苍兰、海棠、鸢尾等组成的花束。

5. 清明节

清明节是农历中的节气之一——清明，为每年的四月五日。

清明节又称三月节、踏青节，人们的主要活动是扫墓祭奠已故的亲人和到野外踏青。

清明节期间，人们选购鲜花及鲜花制品，主要用于扫墓、祭奠、悼念，因此花店中销售的鲜花以菊花为主。大部分顾客会要求将菊花扎制成花束。也有一部分顾客需要花篮或单支菊花。

另外，白色、蓝紫色和浅色系的其他鲜花也有一定的销量，比如白百合、桔梗、白或浅黄的玫瑰等。配花则以勿忘我、满天星、白或黄色的小菊为主。常用配叶均可使用，没有什么特殊要求。

6. 母亲节

美国国会1914年5月7日通过决议，确定每年五月的第二个星期天是母亲节。母爱是无私的，更是没有国界。母亲一生为养育儿女呕心沥血，付出的最多。这一天正是提醒每位做儿女的要永远记住母亲的辛劳和养育之恩。康乃馨是母爱之花，它是慈祥、温馨和真挚的代名词。母亲健在，红色康乃馨是首选礼品；母亲去世，白色康乃馨是对母亲最好的纪念。

7. 父亲节

每年六月的第三个星期天是父亲节。父爱较之母爱，虽一样充满无尽的人性之美，却又是不同的。感受父爱，正如斟品醇浓醇香的老酒，杯中既装着琼浆似的辛辣，也盛满大地般的温存。在父亲节这一天，做儿女的送上一束黄色康乃馨或石斛兰，以表达对父亲的尊敬和感激之情。在日本、中国台湾地区等地，石斛兰被视为"父亲之花"。此外，白月季、三色堇、腊梅也是父亲节的理想礼品。

8. 教师节

在我国定于阳历每年的九月十日为教师节。通常用花主要有剑兰、菊花、牡丹、月季等。

9. 中秋节

中秋节是家人团聚的传统节日。剑兰、兰花、百合、火鹤等能体现人们花好月圆之情。桂花、大丽花、百合花、百日草等也是适合中秋节的花品。桂花高贵、崇高，大丽花色彩艳丽、华贵典雅，由于中秋节临近国庆节，市场对一串红、翠菊、蒲包花等花卉的需要量也很大。

10. 重阳节

我国法律已经将农历九月九日重阳节定为老人节。

重阳节前后，花店销售的鲜花同样是以礼仪用花为主。根据重阳节的特点和多数老年人的喜好，花材宜选用百合、马蹄莲、长寿菊、扶郎花、康乃馨和玫瑰等。

第八章
销售服务

第八章
销售服务

导语

对于花店经营者来说，再美的鲜花，摆在店里，也无济于事。只有花销售出去，花店才能生存。而有些顾客并不明确自己需要什么样的花，他们往往带着问题来花店或只是随便逛逛，这时花店经营者的销售服务技巧就显得非常重要。

一、了解顾客的需求

礼貌、友好的交流能获得顾客的好感，是赢得顾客的第一步；充分了解顾客意图，才能为对方提供服务。交谈中，你可以用纸笔记下顾客的需求，这样便于记忆，也显示出对顾客的重视。

在待客过程中，如图8-1所示的几个问题是你需要充分了解的。

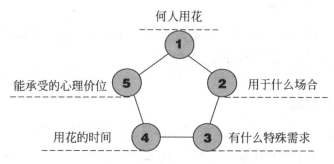

图8-1 需要了解的顾客需求

1.何人用花

销售花卉时，一定要考虑用花对象是谁。老人与孩子、男人与女人、父亲与母亲、教师与学生……用花特点各不相同。

2.用于什么场合

场合不同，用花的特点也不同，问清用途才能把握需要。

3.有什么特殊需求

顾客为什么购买鲜花？顾客希望鲜花达到什么效果？需要的数量是多少？这些你都要了解。比如以下这些方面。

（1）有的顾客赶时间，要求插花速度快些，则可以安排多人协作，尽快完成。

（2）有的顾客要求插花作品大一些，但价格要便宜，制作时就要利用线条花材插出高度，用多头花材和填充花材增加小花数量。

（3）有的顾客要求高档些，则应在作品中搭配高档花材，如红掌、天堂鸟、跳舞兰等，包装也要选用高档材料。

（4）有的顾客要求插花作品鲜艳一些，则可选用红与绿、红与黄、黄与紫、蓝与橙的色彩搭配。

（5）有的顾客要求插花作品与众不同，则可为顾客做专门设计，或搭配有趣的配件。

（6）有的顾客要求插花作品淡雅些，可推荐粉色系花、黄色系花、黄粉色系搭配的花或白绿色系搭配的花。

 开店锦囊

一定要问清顾客对花的禁忌和爱好。如顾客送女友花，就要问"您的女友最喜欢什么花或最不喜欢什么颜色"等。

4.用花的时间

花卉产品具有鲜活的特点，如果顾客马上就要将鲜花送人，应在插花作品中搭配一些正在怒放的花材，从而提高作品当时的观赏效果，也会让顾客更满意；如果顾客准备拿回家摆放或是第二天才要送人，则应在插花作品中选择开放得不太大的花朵，但要注意向顾客解释一下。

5.能承受的心理价位

插花作品的大小及用花量不同，而且往往要根据顾客的需要现场插制，所以成品的价格可能千差万别。而顾客很可能不了解这一点，如果花店经营者插好作品，成本核算后才发现价格大大高于顾客的心理承受价位，就会造成尴尬的局面。这时，顾客可能会要求降价，甚至干脆不买。但是制作的花材已被剪短不能复原，这种情况是任何花店都不愿发生的。所以，事先了解顾客能承受的心理价位很重要。

花店经营者可以先向顾客提供一些插花样品，或是图册。由于样品中容器、花材支数、包装等模式都是固定的，价格也已核算出来，因此，可以方便顾客选择。

有的顾客经常买花，对自己所要花费的金额非常清楚，会直接报出大致的价格，这样的顾客比较容易沟通。而有的顾客自己也不清楚要花多少钱，要买什么样的花。这时花店经营者可提供几个参考价位引导顾客。如：

"您要的这种花束五六十元能做，八九十元、一二百元也可以，只是部分花材的档次和包装会有不同，您大概需要哪个价位的？"

如果顾客做出了选择,花店经营者就可以按此价位搭配鲜花。有些顾客选购鲜花时会说"多少钱没关系,只要花漂亮",那么可以抛开价格的限制进行制作,以满足顾客的需求。

 开店锦囊

只有通过交流顾客用花的场合、时间、价位等,才能得到有效的信息,然后对这些信息加以分析、判断,从而给顾客提供满意的插花方案,确保交易的顺利完成。

二、接待顾客

商家能不能为顾客提供良好的服务,是该店受不受欢迎的关键!花店也是如此。如何接待好顾客是一门学问。

1. 热情接待

客户踏进花店时,就需要有服务人员热情接待。接待人员需要面带微笑、使用礼貌用语,如:"您好,欢迎光临××花店,有什么需要帮您?"

 开店锦囊

在接待顾客时,一定要将店名报出来,这样能加深顾客对花店的印象,方便顾客记住,提高品牌宣传。

2. 温馨询问

顾客进店后,可以温馨询问顾客的意向,是否有喜欢的花材等。若客人表明没有特别需求,只是随便观看,此时则不需一直跟随客人,以免让顾客感到不适。但需要在客人提出一些相关的问题时,要给予礼貌且专业的回答,以便给潜在的客户留下好印象,以期待客人下次有鲜花需求的时候首先想到你。

3. 专业介绍

对于那些不懂花的顾客,如果他主动询问,服务人员就要发挥专业的技能,提炼花店产品的亮点,给客人进行详细介绍。在了解顾客的需求之后,要有针对性地为顾客推荐产品,把鲜花的一些性质告知顾客。

比如,送妻子,就适合送鲜艳的花束;送老人,则要挑寓意好且喜庆的。

在销售的时候,服务人员可以在谈话中介绍花店的优势,把最好的方面说给顾客听,让他了解花店的优点。比如:

"我们的花材都是新鲜的,或者纯进口的,质感好,档次高。"

4. 合理估价

在销售的时候,服务人员要了解客人有无购买的心理价位。如果客人有心理浮动的价位,服务人员就要极力估到客人可承受最高的价格,并做到使客人满意产品的性价比。

5. 礼貌送客

只要客人进店,不管有没有消费,在客人离开时,无特殊情况下服务人员都要目送客人离开并且客气地道别:请慢走,再见,欢迎再次光临等。

开店锦囊

好的服务是提高顾客好感度的一个重要保障,要想让顾客对花店留下好印象,首先就要提供让顾客舒服、满意的服务。

相关链接

不同类型顾客的接待

1. 年轻顾客

对于年轻顾客,要告诉他你的鲜花品种样式是流行的。年轻顾客是紧跟时代步伐的一类顾客,他们有新时代好学上进、追求新生事物的性格,是紧跟新时代发展潮流的顾客。这类顾客喜欢追赶时代性,他们大都爱凑个热闹,赶个时髦,只要是现代流行的东西,他们就要买。抓住这一点,经营者就有必胜的把握。

这类顾客比较开通，比较开放，正是易于接受新生事物的时候。他们好奇心强，且兴趣广泛。这些对于经营者来说也是极有利的，因为可抓住他的好奇心，动员其购买，你丰富、前卫的花卉知识也可以使他们佩服你，抓住时机，与他交个朋友。

由于这类顾客的抗拒心理很少，只是有时没有阅历而有些恐慌，只要对他们热心一些，尽量表现自己的专业知识，让他多了解一些这方面的知识，他们就会放松下来，轻松地与你交谈。

2.老年顾客

对待老年顾客推销花卉要诚实稳重，充满关怀。

对老年顾客介绍花卉时，要表现出一种诚实的样子，不多张嘴，表面听他们的话，这样老年顾客一定会对你产生好感，一切疑虑就会打消。

对待老年顾客有两点禁忌：一是不要夸夸其谈，老年人觉得这些人轻浮，不可靠，也就不会信任他们，交易也就会以失败而告终。二是不要当面拒绝他，或当面说他错，即使你是正确的也这样，因为他们人老心不老，也不服老，所以不要拒绝和指出他们的错，这样会激怒他，使他和你争吵，这样他们与你的交易就泡汤了。

3.忠厚老实顾客

一把钥匙开一把锁，不同性格的顾客来光临花店，经营者要运用好销售技巧将他留住，最应当抓住的顾客就是忠厚实在的顾客，这类顾客很少说话，当你询问问题时，他们就"嗯""啊"几句。平时听你说话，他们只是点头，总觉得别人说的都对似的。这种人一般不会开口拒绝别人。

花店经营者可抓住这类顾客不爱开口拒绝的性格，让其购买，只要一次购买对他有利或者觉得没骗他，他就会一直买你的花。因为他对你实在太信任了，这次信任你，下次也不会错，这就是一种使他放松警惕的方法。

这类顾客还有一种特点就是有时很腼腆，所以对他们说话要亲切，尽量消除他的害羞。这样，他才能听你介绍，交易也才能更顺利。

对于这类顾客第一次的购花，只要能说上话，十拿九稳这次交易已是成功了，他们绝不会拒绝你。

这类顾客有时提自己的理由或相反意见都有些犹豫不决，好像说出来要伤害花店经营者的自尊心似的。解决他们提出的问题，一般是等到他询问之后再进行解决。

三、询问顾客

发掘顾客潜在需求最有效的方式之一就是询问。你可在与顾客的对话中，借助有效地提出问题，刺激顾客的心理状态。顾客经由询问，而会将潜在需求逐一说出。

 开店锦囊

花店经营者应当多方面深入地去体会询问的技巧，因为花店服务是要与顾客交流的，多说未必有用，但恰到好处的询问，可以让顾客产生购买的意识，经营者在销售中会体会到这一点的。

那么，询问顾客都要使用哪些技巧呢？我们这里就介绍几种实用的询问方法。

1.状况询问法

日常生活中，状况询问用到的次数最多。比如：

"您在哪里上班？"

"您有哪些嗜好？"

"您喜欢玫瑰花吗？"

……

这些为了解顾客目前的状况所做的询问都称为状况询问。花店经营者在向顾客询问时，当然以鲜花为主题，可以问问：

"您家中有养花卉吗？"

"您是否工作忙碌经常坐在电脑前？"

"您对这种颜色感兴趣？"

……

通过这样的询问，就能准确了解顾客的实际状况及可能的心理状况。若顾客回答："没有"，你就可以向其推荐。若顾客回答："是的"，此时你也可以继续这个话题，也许顾客没关心过这些问题的益处，你也可以向他解释并做好推销的准备。

2.问题询问法

"问题询问"是指你得到顾客的状况回答后,为了进一步探求顾客的不满、不平、焦虑及抱怨而提出的问题,比如:

"您种植过花卉吗?"(状况询问)

"种过,但总是种不久。"

"为什么种植不久呢?"(问题询问)

"嗯……就是总会变枯萎。"

通过问题询问,可以使你逐步弄清顾客不满意的地方,并有机会挖掘出客户的潜在需求。比如,上面的对话还可以继续:

"那可能是花土有问题,您看我们的花土都是有机肥料混合的,会让花卉生长得很旺盛,您愿意试一试吗?"

这样的询问过程可以起到很好的促销效果。

3.暗示询问法

当你发觉了顾客可能的潜在需求后,可用暗示的询问方式,提出解决顾客不平、不满的方法,这就称之为"暗示询问法。"比如:

"我们花房的花土用紫砂泥盆盛放,养茶花、君子兰等特别典雅,花卉也欣欣向荣,您认为怎么样?"

另外,还应当避免不恰当的询问,比如:

"您为什么不养花呢?"

"您买来鲜花摆放吧!"

……

诸如这类问题有"最后通牒"式的咄咄逼人,往往会使顾客在遇到此类带有"攻击性"的问题时,全身不自觉地产生反感与防卫,得到的回答往往是:"不,我不……"

花店销售服务是开门迎接顾客,所以经营者要善于询问。

四、判断成交时机

一个顾客走进门,是想买自己家居装饰用的花,还是要买送礼用的花,有多大的购买力,这些都可以从客人的神态、动作等小地方表现出来,店员要在短时间内做出准确判断。有了这种观察判断,才能"对症开方",把话说到客人的心坎里去,也才能达成交易。

其实有许多顾客,特别是一些女性顾客,在决定购买某种鲜花时,往往发生一系列极其复杂、极其微妙的心理活动,从而反映出包括顾客对鲜花成交的数量、价格等问题的一些想法及如何成交、如何付款、如何送货等一系列疑问信息。其实,这些细微的心理变化就是花店达成生意的"可乘之机"。如果经营者把握得好的话,完全可以决定成交的数量以致交易的成功。

一般来说,最佳的成交时机是顾客的购买欲望最强、最渴望拥有鲜花的时刻,也就是交易的各方面条件都成熟的时刻。要掌握好这个最佳成交时机,首先得仔细观察顾客在整个购买过程中的语言及表情,也就是我们说的成交信号,具体有以下几种。

1. 对某一种鲜花问询多次

顾客想买某种鲜花时,店员一般会拿出一些同类型或相似的鲜花来让顾客做比较。但是,渐渐地店员会发现顾客放弃了其他鲜花,而只对其中的一种鲜花提出详细的问题,这就说明顾客已经开始产生了对某种鲜花的购买欲望,此时,如果店员稍加劝说,就可以达成交易。

2. 开始沉默

顾客在选择商品的大方向定下来后,一般会有哪些常规的反应和想法呢,这里面的"可乘之机"又有哪些呢?

顾客从一进门开始,就东看西看,并不断地问店员各种问题,一旦该问的问题问完了,会有一段时间保持沉默,这是顾客在考虑是否要买花,要买什么花。如果这个时候,店员能把握得住,则将促使交易的达成。所以当顾客保持沉默时心里就在犹豫,这时成交的机会就冒出头来了。

3. 向同伴问询

当店员向顾客做完对鲜花较为全面的介绍后,顾客如果征求同伴的意见,比如问"你觉得怎样""值得买吗"一类的话,这表明顾客基本上已有购买的意愿了。这是成交的第三个机会。

4. 开始谈条件

如果在店员向顾客做完鲜花介绍后,顾客表现出兴趣,并提出成交条件,如"能不能再便宜点？""有没有礼品送"等，这就表明成交的最佳时机已经到来。

5.开始表示赞同

顾客在听过介绍或现看了花卉后不断点头或面露微笑，这表示他对此种鲜花感到满意并已经有购买的意向。

6.关心售后

当顾客问营业员"这花买回去以后有问题怎么办""有没有送花业务"等有关售后服务问题的时候，就是成交的第六信号。

对于花店店员来说，如果能准确把握住以上六个成交的最佳时机，并做出恰如其分的应答，这笔生意就有可能做成了。善于时时观察并分析顾客的内心世界，做个有心人，一定会增加你成功的机会。

 相关链接

如何面对不同能力的顾客

很多的花店经营者经常有这样的一个疑问，来买花的有有钱人也有不是那么有钱的人，而这两种人的消费观念也是不一样的，有些时候，想要送一些高档的包装给那些消费能力比较低的人，他们可能不是特别的感兴趣，而如果给那些消费能力高的人一些折扣，好像也不是他们想要的。所以，要怎么区别对待不同能力的消费者呢？

其实，消费者的消费能力不同，他们在购买鲜花的心理上也是不一样的，下面就简单地给大家介绍一下，面对着两种不同的消费者，我们要怎么区分呢？

1.基础层次的消费者

其实对于一些基础层次的消费者而言，有些时候他们也想要有一些浪漫的生活，毕竟大家都是有虚荣心的，所以偶尔买一束鲜花送人，也有面子。这样的人更多的是关注的鲜花的价格，虽然是面子的问题，但是他更想要用最低的钱去买，所以面对这些消费者，可以利用一些特价的产品去吸引。

2.中等需求的消费者

中等需求的消费者应该是花店最常见的，他们对于鲜花的要求不会很高，因为他们是以礼品的定位去送的，玫瑰百合之类的都可以，这样的人也是要面子的，尽可能地将这捧鲜花打造得越高贵越好。中等需求的消费者对于鲜花额外的产品比较关注，比如说今天有买鲜花送小熊的活动，那么正合他们的心意，所以在面对这样的消费者的时候，可以利用一些小赠品去打动他们。

3.高等需求的消费者

这样的消费者一看都是常去高档的地方，而且购买的鲜花都是一些高级定制的。他们在购买鲜花的时候，更关注的是花艺师是不是得过什么奖的大师？这束鲜花是不是你们店内的限量款，这种鲜花盒子是不是今天的最新款等。面对这样的消费者的时候，可以更多地提高鲜花的档次获得消费者的欢心。

第九章 营销推广

第九章
营销推广

导语

　　花店的营销推广是指花店经营者围绕市场销售所从事的产品设计、包装、定价、分销、促销、销售服务等一系列活动。目的是满足顾客需要，激发购买热情，促进购买行为，实现商品的最终销售。

一、花店常用的营销方式

如今各地的花店遍地都是，竞争也越来越激烈了。要想从众多的花店中脱颖而出，还真不是件容易的事儿。为此，花店的老板们都憋足了劲儿，使出浑身解数进行营销，常用的招数如图9-1所示。

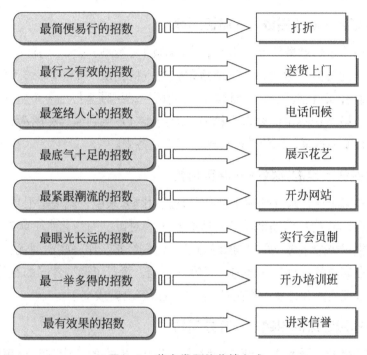

图9-1　花店常用的营销方式

1.最简便易行的招数——打折

这是许多花店都曾经使用过的常见招数，他们针对不少顾客求便宜的心理，宁可牺牲一点自己的利益，以激起顾客的购买欲望，虽然手法显得老套了一点，但应该说还是有一定效果的，而且操作起来也十分简便。

值得提醒的是，一般人们总是会认为打折的东西质量要次一些，假如你三天两头儿地搞打折，很容易给顾客造成你的花店次货很多的印象，那么你可能就会得不偿失了。所以，这一招千万别用得太滥，最好是遇到节假日的时候使用几次，聚聚人气也就算达到目的了。

2.最行之有效的招数——送货上门

如今人们的生活节奏不断加快,大家都希望自己能从繁杂的事务中腾出更多的时间去做自己喜欢的、认为有意义的事情。买花也是这样,虽然不少顾客喜欢鲜花、需要鲜花,但是他们却没有时间或者说不太愿意为了买一个花篮而专门跑一趟花店。针对顾客的这一需要,很多花店都实行了电话预约、送货上门的服务措施,这一措施能使花店有效地提高知名度,增加业务量。

3.最笼络人心的招数——电话问候

有一些花店生意做得非常细心,当顾客因为新婚、生日、乔迁、入学等喜事前来买花的时候,他们会认真地将顾客的资料记录下来(当然,事先得征求顾客的同意),等到来年的这个时候,花店便主动给顾客打上一个电话,向对方道一声贺,虽然花不了什么人力物力,却会让对方感到惊喜和感激,能有效地把顾客的心笼络过来,因此总能挖掘出不少业务来。

4.最底气十足的招数——展示花艺

如今的花店花艺水平是越来越高了,这对顾客来说,无疑是很具吸引力的,谁不愿意自己买的花篮能插得艺术些呢?一些对自己的花艺水平颇有自信的花店就在店堂里搞起了微型的"插花展览",他们经常制作一些造型优美的花篮花束,摆放在店堂的最醒目的地方。顾客一进店,浏览了造型各异的花艺作品后,就会对这家花店的花艺水平产生信赖,生意很容易就成交了。

5.最紧跟潮流的招数——开办网站

随着网络的普及和电子商务的发展,不少有实力的花店都紧随潮流在网上设立了自己的网页(有条件的还开设了专门的网站),办起了"网上花店"。的确,通过网络来拓展花店的业务,这无疑是符合未来的消费趋势的,就是现阶段,这也算是一个不错的促销手段,对提高花店的知名度,树立良好形象都有积极的意义,而且有的花店通过网络还将自己的业务做到了异地。

6.最眼光长远的招数——实行会员制

眼下,许多商场超市都实行了会员制,有效地吸引了一大批相对固定的消费者,促销效果还真不错。于是,那些颇有头脑的花店老板们就把这招儿给借用了过来,他们制作了精美的会员卡,分发给那些老客户,按照顾客的累计消费金额,给予不同幅度的优惠。同时,还时不时地给拥有会员卡的顾客提供一些特殊的服务，比如赠送礼物、上门养护等。

7.最一举多得的招数——开办培训班

有一些实力较强的花店，热衷于开办花艺培训班。从表面上看，这与花店的促销似乎并无直接的联系，但实际上，这是最委婉、最一举多得的促销手段。试想一下，办花艺培训班，是不是就得在店面上做点广告，这不等于在无形中向顾客传递了一个信息："这是一家有实力的花店，都已经在带学徒了"。同时，从花艺培训班出去的学员将来大多都会到附近的城镇去开办花店，他们对老师在生意上的照顾也不会少。而且，花店的培训班一般都是办在店堂里，显得花店人气很旺，许多顾客有从众心理，一看这店里这么忙活，便也会走进来买花了。

8.最有效果的招数——讲求信誉

说它是招儿也不是招儿，但却能以无招胜有招。

二、开设店外服务

通常"店堂销售"是花店销售中最原始的方式，而面对越来越激烈的竞争，花店经营者除了要在花色品种等方面下功夫外，还需通过开设如图9-2所示的多种"店外"服务项目，来满足人们的消费需求，使更多的人爱花养花，从而增加花卉的销售，并获得更多的利润。

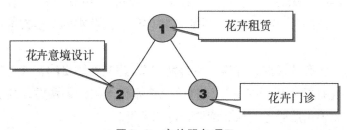

图9-2　店外服务项目

1.花卉租赁

花卉租赁可分为临时租赁和长期租赁。长期租赁适合于社会交往活动频繁的场所和办公地点，如宾馆、旅行社等。

花卉租赁也适合于家庭。现在人们的生活水平提高，许多家庭都愿意养几盆花卉来美饰家居。但由于工作上的繁忙、生活的快节奏以及对园艺知识的缺乏，培养的花卉往往得不到很好的管理，长得不尽如人意，起不到应有的美化家居的效果。花卉租赁便可免除人们的这一烦恼，花很少的钱，就可在家中欣赏到可时时变化的花卉。

人们也可在朋友聚会、亲人团聚、欢度节日之际，租几盆花在家中摆放，以达到渲染欢乐气氛的效果，获得一种高雅的情调。

2.花卉意境设计

现在社会上用花卉装扮会场、婚礼、办公室、住宅等场所来渲染气氛的做法已比较普遍，但由于组织者缺乏专门技能，结果往往是花费不少，但达不到所希望的气氛效果，因而花卉意境设计这项服务便应运而生。

作为一个设计者，除了要对各种花卉的特性、象征含义等有较深的研究外，还需具备有色彩、构图、建筑、心理学等知识。要根据服务对象所要求达到的气氛效果，进行设计、摆放花卉。

比如，要装扮一个会场，就要根据会议的主题、来宾以及服务对象的类型确定渲染怎样的气氛效果，并由此来进行花卉意境设计，确定摆放什么花草，采用什么的方式和图案等。

3.花卉门诊

现在许多单位和家庭都愿意自己养上几盆花，来装扮居室，但由于缺乏一定的园艺知识，对花卉所需的土壤、温度、湿度等条件以及越冬越夏措施的不了解，难以养好。想去请教，却又无处咨询。因而可设立一个"花卉门诊"，并开通"花大夫热线"，接受大众的花卉养护咨询，为花卉的病虫害进行诊断，并组织补救。

还可利用已有的设施，开设"花卉病房"，为某些娇贵的花卉进行看护，为某些越冬的花卉提供场所等。这样将可免除养花人的种种疑虑，并可增加花店的知名度，完善售后服务，从而增加花卉的销售。

 开店锦囊

开设"花卉门诊"的主办者，需要有较多的园艺知识，以及对各种花卉的生理特点有较深刻的认识。

三、发展社区业务

社区物业管理的其中一项任务就是为住客们创造优美的环境,这也就为花店的经营者们提供了扩大业务范围、展示经营才华的机会。

1. 善于抓住机会

实践中,花店经营者只要有胆识、敢想敢做,把花店的花艺做成绿化作品,为小区的生活环境增添新鲜和温馨,那么就可以为自己争取到很多的业务,可以把花店做的花艺作品摆放在社区的显著位置,如社区花园、社区宣传栏、社区门口等。

另外,在各种节日里,也可以摆放适应节日气氛的应景作,比如中秋节的时候在社区绿化区展示一品红、菊花,圣诞节时制作一棵圣诞树摆放在社区门口等。

2. 承担绿化养护工作

小区的绿化管理是每日必不可少的一项工作,也是一项技术性强却又繁重的工作。如果承接了此项业务,那么就可以为每一位绿化养护员配备带有花店标识的工作装。这样也可以让小区的居民对花店的整体形象有一个比较直观的认识,打造花店的良好品牌,从而为进入家庭绿化服务奠定良好的基础。

3. 开展家庭绿化系列服务

随着小区绿化业务的开展和稳定,可以针对小区内各家各户开展家庭绿化系列服务,包括定时换花业务、电话订花业务、家庭租摆花卉业务等,如图9-3所示。

定时换花	定时换花业务是为用户养、护、换花,就像每日的送报工、送奶工一样,依照住户的要求,每天都由店员将鲜花送到用户的餐桌上、客厅中,或是上门养护家中的盆花
电话订花	电话订花业务是只要住户有需要,可以随时打电话给花店,要求上门服务。按照用户的要求,可以让顾客足不出户,就享受到令人满意的专业服务

图9-3

家庭租摆花卉 ← 家庭租摆花卉业务是根据住户的要求，对各个房间进行室内绿化设计，签订租摆协议书，按照协议书的规定对住户进行室内花卉的租摆

图9-3　家庭绿化系列服务项目

 开店锦囊

对社区居民所开设的每一项服务就是花店业务的再扩大，都会促进花店一步步成长壮大。

四、实行会员制服务

当花店发展到拥有一定的规模和客户量时，实行会员制是促进花店升级的有效方法。广泛地吸收会员，让会员持卡消费享受积分，根据积分高低有不同程度的折扣，这是稳定客户量的重要方法之一。

会员制的核心内容除了提供折扣等优惠外，还在于提供精细化的配套服务。

比如，每逢会员生日，距离较近的送上一束鲜花，距离远的就发短信祝福。对VIP客户甚至可以考虑在客户允许下，登门进行花艺布置。

花店可将会员的消费记录存档，每年同一时间发短信提醒消费者，询问是否需要再次消费，这在节假日或者会员的亲朋好友生日时会有很大帮助。对一些大客户还可以提供一定额度的欠款消费或者定期结账的服务。此外，组织会员活动，将会员和花店之间单纯的商业关系上升到文化交流层面，也能使花店获益良多。

会员资料是一种无形资产，蕴藏着无限商机。经营者需要高效、有针对地使用这些资料，为自己积累最大的客源量，提升店铺效益。

 相关链接

花店如何积累客源

当前商业竞争社会环境下，顾客有更多的信息来源，也有更多的选择，

同时对个性化商品或服务的需求越来越明显。更重要的是，花店顾客具有随时随地、因地制宜、就近方便的购买特征，因而导致花店客户忠诚度是很低的。因此花店导入现代企业的一些客户管理理念和方法，可能地稳定客源，提高客户的忠诚度十分重要。可以说，要想为店铺积累最大客源量，就要进行科学的客户管理。

所谓"花店客户管理"是借由积极深化与客户的关系，以掌握客户的信息，同时利用此信息量身定制不同的商业模式和策略，以满足客户的个性化需求。良好有效的客户关系管理，有利于花店与客户建立更长久的双向关系，并获取客户忠诚。客户忠诚将使客户更容易挽留，每次或每年购买的产品更多，愿意买更高价值或花店新推的商品，降低客户推广成本，并由此顾客满意因而愿意介绍新顾客。

首先，要建立客户资料数据库，这是进行花店客户管理的基础。每个人都有一个朋友圈子，从开店之日起，经营者可以将自己所有的朋友都纳入客户范围，将他们的资料输入你的客户资料数据库。而在店铺周围的企事业单位或社会团体，可以通过有针对性的电话沟通或登门拜访，或者通过人际资源和负责办公室事务的人取得联系，将其纳入你的客户资料库。对于那些上门客户，可以通过一些有意识的交谈，尽可能多地得到客户信息，或者在给对方自己花店的名片时，也可以很自然地得到对方的名片或基本信息等。一回生二回熟，多打了几次交道，就会掌握一些基本情况，比如姓名、联系方式、买花主要是做什么等一些消费习惯，慢慢地把他们录到客户资料数据库中。

如果有电话上门要求代为送花的，可以将订花人姓名、电话、订花用途记录在案。同时收花人姓名、地址、电话、纪念日等信息也就自然掌握，收花人也是有可能成为自己的准客户的。

五、利用赠品促销

赠品是商家常用的促销手段，作为一个刚刚起步的鲜花店也可以通过赠品进行促销。赠品的方式很多，要因人而异，因花而异，因事而异，下面介绍几种常见的赠品方式。

1. 代金券

顾客在购买花卉时达到一定金额可获得一定面值的代金券。代金券的面值可根据顾客购买花卉的金额的多少而定。这样在顾客下次来花店购花时就可以用代金券抵值,顾客都比较喜欢这种代金券形式。

2. 花瓶

在顾客购买大量花卉的时候,如大型宴会用花、商场开业用花时,可以赠送顾客花瓶或花篮,以增进顾客与鲜花店的感情。

3. 花卉

有的顾客喜欢买成束的单一鲜切花放在家里瓶插,这时可加送顾客几支鲜切花。

4. 花卡

每逢母亲节、新年、情人节等鲜花店要提前印制或批发一些花卡,如新年快乐、一生相伴等。当顾客购买节日花卉时赠送顾客一张以表示祝福,顾客一定是非常开心的。

5. 包装纸和彩带

在顾客购买一束鲜切花时,或在为顾客插花打包装时送顾客一张包装纸或一条别致的彩带,都能表达花店的一份心意,顾客也会为之而感动的。

6. 小饰物

赠顾客小饰物也是一种好的赠品方式,如同心结、手机链等。年轻情侣在鲜花店购买花卉时可赠予一对,以示祝福。

开店锦囊

赠品的种类五花八门,但主要意义在于促进花卉销售,招徕顾客,联络顾客与鲜花店的感情。利用赠品促销也是商家常用的促销手段。

六、做好淡季营销

进入夏天销售淡季，鲜花损耗率增加，很多花店的业务会有所减少，那么该如何推陈出新，增加花店的营业额呢？

1. 开展鲜花包月业务

这种"鲜花包月"服务，目前已逐渐走进白领的日常生活。现在鲜花的消费群体集中在80后和90后，而且，她们喜爱的鲜花也偏向小清新风格。这样的鲜花包月服务能让客户用最优惠的价格，得到小资的生活，能够刺激淡季的花店销售，同时也提高花店在消费者心中的口碑。

2. 多渠道促进销售

尝试通过网店和线下的商店合作，发放代金券，可以互相合作，互惠互利。因为大部分人虽然没有鲜花消费的习惯，但这次觉得既然有优惠，又何妨尝试一下呢！长此以往，代金券可以带给你一笔不小的销售额。

3. 多元化经营

单纯靠鲜花经营，对付淡季势单力薄，花店应该实行多元化经营才能保住利润的最大化。

比如，开在学校附近的鲜花店，可以兼营文具和女生喜欢的小饰品。开在医院旁边的店，可以兼营水果和副食，而开在社区附近的小店，则可以兼营副食和烟酒零售等。

4. 增加顾客体验

不管来店里的顾客买不买花束，你都要让顾客在你这里学到东西，比如传授顾客一些鲜花绿植的养护技巧等。

七、实行跨界营销

近年来，传统零售受到电商的冲击，单纯的陈列售卖已无法和电商的便利、便宜相抗衡，而结合轻餐饮、咖啡、图书、服饰、社交活动交流等综合功能的"生活馆"，给予人们购物以外的情感需求和社交需求的满足，逐渐让商家找到希望。

比如，在花店里喝咖啡，在家私店吃顿西餐，在服饰店安静地品读一本书……这种新生的"跨界"将零售商品以及具有体验性的项目结合在一起，将消费者从网上拉进实体店中来。

不难发现，在所有的跨界生活馆里，鲜花是一个不可或缺的元素，是一个自带社交和传播属性的产品，具有无可替代的体验性。因此，花店经营者可以解放思想、开拓思路去寻求更多、更广的跨界经营。

一般来说，花店可以与以下行业加强合作。

1. 婚庆公司

现在结婚当天的婚车、婚宴等都少不了用花，单婚车用花就不少，花店和婚庆公司可以合作做长期生意。

2. 地产公司

你可以联系房地产开发商，在他们举办盛大开盘日或开放样板间的时候，将高档鲜花摆放进去，这点小钱对开发商而言，支出不大，但非常能突出样板间档次，增加很多生活气息，给消费者勾勒了一幅美好的生活场景。

3. 酒店

与酒店礼宾部联系，他们承接一些重要会议，需要摆放鲜花，这是刚需。

4. 电视台

因为电视台会有很多场景布置，这里面也会有鲜花的刚需。

5. 中高端的私人会所、美容院、餐饮、咖啡店、高端汽车4S店

遇见逢年过节，中高端私人会所、美容院等要烘托一些气氛出来，这里面会有中高端鲜花的刚需。

6. 会议营销公司

他们为了营造高端气氛，有鲜花刚需。

7. 待开业的门店

每周扫主要商业街，看见正在装修的门店，只要够档次，就可以上门推销。他们开业之际，对价格不太敏感，主要是图吉利，中高端插花艺术有市场。

8. 高干病房

能住进高干病房的人都是有身份地位的，如果房间摆放中高端鲜花，对病人来说，能愉悦他们的心境。

 开店锦囊

这个渠道比较特殊，需要有内应在里面，比如护士或护士长等，但高端病房从来不缺病友，天天都是爆满，只要打通这条线，稳定出货不在话下。

八、抓住节假日做促销

一般来说，花店平时都是为了维持生存，而真正赚钱的时机还得靠节日。那么，花店如何最大限度地利用节日来增加利润呢？

1. 提前做好准备

节日都是受人们重视的，而在节日送花也就成为很多人的选择。在节日到来之前，花店需要做大量的准备工作，如开发新包装、进新花材等，以增加新的卖点。如果这些新的内容等到节日当天才推出，消费者会较难迅速接受。

因此，在节日前的一段时间内，就要为这些产品做大量的宣传工作。

比如，做出一些样品陈列在花店中，向客人展示，或把其拍成照片，寄送给老客户，也可以做成宣传画，张贴在店前，以吸引顾客。这些都是很简单的宣传工作，但对节日里的销售会有很大的帮助。

2. 做好店面布置

除了宣传店中的商品，节日前夕店面布置也很重要，好的店面可以起到宣传花店的目的。

比如，有的花店在春节的时候，会把花店精心装扮起来，挂上红灯笼。门前的花架上摆上了应季的年花以及节日礼篮，最为醒目的是在店前悬挂的条幅："带鲜花回家，把繁忙放下"。简单的10个字，却充满了人情味，让人不由自主地走进店中。

机会总是会给那些有准备的人。虽说现在的节日名目越来越多，但如果不擅加利用，也会失去大好商机。节日前多做些宣传，让消费者知道你的花店，了解你的商品，这对提高花店的销售业绩会大有帮助。

九、利用微信进行推广

微信营销是网络经济时代企业或个人营销模式的一种，是伴随着微信的火热而兴起的一种网络营销方式。微信不存在距离的限制，用户注册微信后，可与周围同样注册的"朋友"形成一种联系，订阅自己所需的信息，商家通过提供用户需要的信息，推广自己的产品，从而实现点对点的营销。

1.微信推广的原则

花店经营者利用微信推广时，要遵循如图9-4所示的原则。

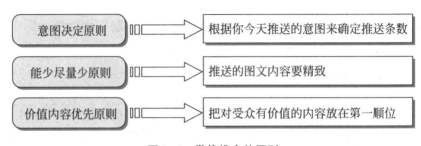

图9-4　微信推广的原则

2.微信推广的步骤

通过微信，扫一扫花店二维码即可关注花店，完成订花、付款等一系列购买的完整程序。这对于花店来说，非常方便快捷。那么，花店该如何做好微信推广呢？可参考如图9-5所示的步骤。

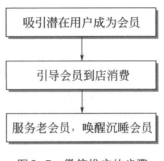

图9-5　微信推广的步骤

（1）吸引潜在用户成为会员。吸引潜在用户成为会员有四种方式，如表9-1所示。

表9-1 吸引潜在用户成为会员的方式

序号	方式	具体说明
1	全员营销	花店可以要求所有员工申请自己的微信号，让员工在闲暇时间，通过自己的微信寻找附近的人并加好友（附近的人都是潜在客户），通过聊天将花店的微信会员卡转发给他，这样他领取了会员卡可以看见花店的各种折扣，并且可以通过抽奖来获取更大的优惠，随之就会来店里消费。为了调动所有员工的积极性，可以设置相应的员工目标奖励
2	店内二维码投放	店内收银台或门口放置醒目的二维码展架，顾客进店或结账时，员工向顾客介绍扫二维码抽奖活动及优惠情况，店外窗户或墙壁上粘贴印有二维码的大海报，以吸引过往人群来扫二维码，从而发展新会员。注意：员工一定要主动去给客户推荐扫二维码，只要抓住了客户信息，进行抽奖、优惠券等互动营销就会引导会员到店消费
3	网站悬挂二维码	针对网上订购鲜花产品的顾客，可以在网店悬挂二维码，扫码顾客可享受一定的优惠折扣，以此来吸引用户关注成为会员
4	鲜花包装内或外附带二维码及LOGO介绍	在送出鲜花的包装上或包装内附带二维码贺卡，并鼓励用户扫码成为会员，成为会员后和商家核对个人信息可赠与抵用券等优惠

（2）引导会员到店消费。持有微信会员卡的顾客消费享受了一定的折扣或优惠，可以鼓励其分享朋友圈以发展新会员。在结账登记消费记录时，提醒会员完善客户资料，花店可做一套客户关怀系统，依据商家的设定定期发送关怀信息或优惠内容，刺激客户不断地来消费。

同时，对申请会员的顾客启用积分系统，会员积分达到一定程度可兑换部分商品或奖励，吸引用户多次在本店消费。

（3）服务老会员，唤醒沉睡会员。发展一个新会员的成本是维护一个老会员成本的9倍，调查显示49天没有来店消费的会员可视为沉睡会员，面临失去的危险，必须采取一定的手段来唤醒沉睡的会员。花店可针对这部分沉睡会员给予老用户购物返利等促销活动刺激消费欲望。

3. 微信推广定位

花店微信营销的目的，是希望通过微信平台实现消费者对自己的认可，与消费者建立联系并促进重复购买，最终创造更多的价值。花店微信营销应从内容入手，在做好定位的同时，选择好营销目标，确定好目标人群。

首先，鲜花商品定位应该是礼品鲜花，而礼品鲜花又可按用途、对象、价格、节日、数量等加以细分，如图9-6所示。

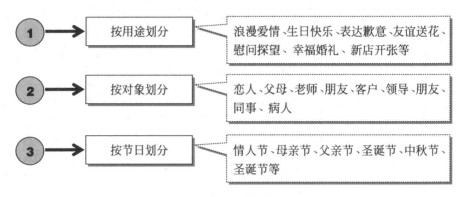

图9-6　礼品鲜花的分类

这样，顾客就可以根据自己的需求选择类别。当顾客选择之后，花店再贴心地送上某类别可以选择几种花，并配上图片、介绍、价格，让客户自主完成选择，最终实现在线交易。

4. 微信推广的内容

微信推广的内容可以是鲜花如何选购、如何保养，或者通过让用户分享自己关于鲜花的故事，让看的人觉得你就在他的身边，亲近、及时、鲜活、真实、高效。

微信通常是每两三天发送一次有关花语、节日、礼仪等方面的目标群体喜好、需要的实用信息，平常可以进行一些有奖问答、趣味竞猜等。

比如，薰衣草的花语是等待爱情，如果暗恋某女孩，自己又不好意思当面表达时送此花比较合适。

 开店锦囊

微信内容一定要短小、精悍、实用，有创意和趣味性，发信息的频率不能太高，以免接收者厌烦，且发送次数少也节约了组织者的时间成本。

5. 及时与顾客互动

花店在利用微信营销的时候，要准确恰当地回答消费者的提问。微信商城可以自动智能答复，卖家可以在系统自定义设置回复内容，当用户首次关注您的商城时，可自动发送此消息给客户。还可设置关键词回复，当用户回复指定关键词的时候，系统将自动回复相应设置好的内容，让客户第一时间收到想要的消息，增强与客户之间趣味性的交流。

相关链接

微信推广的技巧

1. 多多强化品牌符号

品牌是你和用户的一个关键纽带，也是你的一切努力的最大无形资产，注意在任何一次推广的时候，以一个比较恰当的方式带出品牌名字和符号。在一次一次的重复中，用户才会对你的品牌产生强的印象。在真正的需要鲜花的时候才会主动找上门。

2. 做用户的朋友，态度不卑不亢

在营销推广的时候态度一定要注意不卑不亢。什么叫不卑不亢？就是我的品牌是受大家欢迎的，我也是合法经营，你买我的花束，我肯定会服务好；但是你不想买，我也不会无休止地向你推荐，或者降价委曲求全。一个真正能够做大的品牌，基本都有这样一种不卑不亢的基因。

3. 注意发朋友圈频率

切忌高频发朋友圈。要知道，微信朋友圈的屏蔽功能是很强大的。一次两次不理智的行为，就可能会让关注的人立减。另外，同样的产品请不要一次一次地发布，用户不是傻子，都是有印象的。如果不得已要发，也一定要在文案上做些变动，传达出一些新的信息。不要让用户产生无病呻吟，天天重复发朋友圈的印象。

总的来说，花目前是一个非高频消费品，所以在非节日期间，请降低发朋友圈的频率，一周一次的频率都完全可以保证用户不会忘记你。将空余的时间花在准备图片和文案上，一条精品的朋友圈远比七条劣质朋友圈来得更有效。节日期间可以增加频率到一天一次，但是也请注意保持质量。

4.内容尽量多元化

朋友圈发的内容多元化一些，不要一味地宣传产品。花本身是美好的象征，在网上搜集一些有关闲适生活，品位生活的照片和文字，加上自己品牌的烙印，发出来与大家分享；写写自己开花店的苦与乐，写写遇到有意思的客户的小故事，这都是非常非常有效的手段。

5.购买一套稍微专业的摄影装备，提升图片质量

只有漂亮的花才会有人要，大家买花也都是冲漂亮去的。经营者可以投资购买一套专业的摄影装备，把产品照片拍得上档次一些，让看的人更容易动心，购买的人自然也就多了。这也是最划算的投资。

6.发的文章一定要有刺激人转发的点

对于有公众号的花店，除了考虑粉丝的阅读感受之外，还需要考虑的一个点是，如何刺激粉丝转发文章，以获取更多的阅读量和新粉丝。在这一点上，新手常犯的一个错误就是，自己沉醉于自己的文章当中了，很自以为是地认为，文章写得好就能带来转发。请一定要站到粉丝角度上来思考这个问题，粉丝转发这篇公众号文章的原动力是什么？其实很多人分享文章都是希望可以借这篇文章向自己的朋友表明立场，表明品位。所以，在发文章的时候，记得将这一点考虑在内，一定要保证自己的文章被转发以后不会掉档次。做到这点，公众账号的推广效果也会得到有效的提高。除此之外，给用户一些经济的甜头，搞一些转发有奖的活动也是有效的，但是建议不要经常使用，这种大招最好留在节日期间。

第十章 网上开店

第十章
网上开店

导语

当鲜花遇上互联网，不仅改变了这个传统行业，更影响了市民的消费习惯，鲜花也可以成为快消品，融入网购大潮。随着鲜花电商的崛起，不少本地实体花店也按捺不住，纷纷开起了"网上花店"。

一、建立鲜花网站

现代年轻人都追着时尚潮流走,喜欢上网浏览、购物,发掘新的商品信息。所以在网上建立一个精美的小网站也是大势所趋。那么怎样开设一个独特的鲜花网站呢?

1.选择因特网服务商

因特网服务商的作用是为鲜花店在各个搜索引擎上注册,为鲜花店网上注册域名,所以选择好的网络服务商是一件很重要的事。所找的网络服务商,最好是能提供丰富资源的服务商。

2.域名设计

独立网站的关键词是域名,因此域名关键词的设置十分重要,通常都是客户搜索花店时最常用的关键词,如花店的品牌名等。设置好域名之后,一定要确保域名是可用的,可以在阿里云上查询域名的使用情况。

 开店锦囊

域名更换须十分谨慎,一旦更换域名,原域名下的SEO设置和用户已有的搜索习惯,就都得重头再来了。

3.内容设计

鲜花店的网站一定要设计精美、内容丰富、情调浪漫,突出花卉独有特色,一般包含如表10-1所示的几个方面。

表10-1 建立鲜花网站应包含的内容

序号	内容	具体说明
1	鲜花店简介	在这一栏目里你可以对鲜花店做一个整体形象而生动的介绍,如果在你的创业过程中有一段感人的故事也可以将它搭配在其中,这样更能加深顾客对鲜花店的印象
2	经营范围概述	将鲜花店的经营范围,各个项目所包括的内容详细介绍出来,让人一目了然。如有特别经营项目要重点突出,以体现出鲜花店的独特之处

续表

序号	内容	具体说明
3	花卉品种展示	这一网页要制作精彩，让人看过之后有身临其境的感觉，而且要把各种花卉的配套花艺展现出来，并配有色彩艳丽的图片，使人眼前一亮，过目不忘
4	服务项目一览表	每位顾客都希望在购买花卉时能得到热情优质的服务，可以将花店的服务标准列在网上，接受每一位顾客的监督
5	制作专题网页	每逢节假日要制作专题网页。网页主要把节日所需花卉的品种、花艺尽显其中，并要配上图片
6	制作促销网页	鲜花店的促销网页要灵活多变，时常推陈出新，而且要根据季节、时令的鲜花生长期的变化而变化
7	设立网上订花热线	顾客如果在网上看到某一种花卉想购买时可发电子邮件、传真或电话订购

 开店锦囊

鲜花网站一定要突出花卉所独有的魅力，条件允许的情况下可每周更换一次图片。并在每个网页上以鲜花为主题配一首浪漫温情的诗歌，这样会增加网页浏览量。

4.外观设计

人是对美有所追求的动物，无论是实体花店还是网上花店，优美而独特的外观，总是最能够吸引客户的眼球，所以网站外观的设计对经营一间网上花店而言是十分重要的。具体要求如下。

（1）背景颜色。在选择背景颜色的时候，要十分留意整体的协调性，好的背景设计并不要求能够包含大量的流行元素，而是抓住其中几个主打的元素进行设计便可，否则容易显得混乱无章。

（2）产品图片。产品图片要在展现出自己独特风格的同时，注意整体的统一协调性，需要特别注意的是图片的规格要一致，避免同一版块上有大有小、排版无序的情况出现。

（3）logo设计。在网站设计时，要注意留出一个大小足够的位置来展示自家的logo。科学统计显示，一个简单美观的logo比一个风格独特的logo更加吸引人。

5.网站维护与更新

花店网页应该有专人负责维护与更新。如新添些花名目录、品种报价等，让网上顾客感受到花店的"新鲜"。

二、注册个人网店

近年来，鲜花电商大受追捧，国内消费者对鲜花产品的需求正逐年上升，互联网预订渐成趋势。为了扩大销量，花店经营者也可以自己在电商平台上注册网店。

下面以注册一个淘宝网店为例，向大家介绍操作步骤。

1.用户注册

（1）登录淘宝，点击页面上的"免费注册"。如图10-1所示。

图10-1　淘宝网页截图

（2）在弹出的页面中，单击"同意协议"。如图10-2所示。

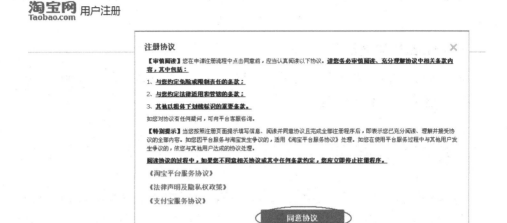

图10-2　淘宝网页截图

（3）在打开的页面中，依次按要求填写信息，即可完成注册。如图10-3所示。

图10-3　淘宝网页截图

开店锦囊

为了保证交易的安全性，注意密码不要设置得太过简单，建议使用"英文字母＋数字＋符号"的组合密码。

2.激活支付宝

（1）完成淘宝会员注册后，你会收到一封来自支付宝的邮件，提示你获得一个免费的支付宝账户，但是登录支付宝后，还需要完善、补全个人信息。如图10-4所示。

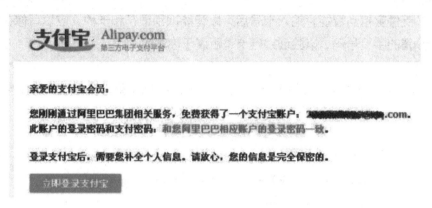

图10-4　支付宝网页截图

（2）点击"立即登录支付宝"进行登录，之后的界面中，需要你设置身份信息、设置支付方式，进而完成支付宝认证。如图10-5所示。

图10-5　支付宝网页截图

（3）接下来的窗口中，设置支付方式，就是输入你银行卡相关信息，以便以后可以享用支付宝的付款、收款、转账等功能。

开店锦囊

支付宝相当智能，输入卡号后可以智能识别银行和卡种，应填写你在银行预留的手机号码，以验证银行卡是否属于你本人。

（4）点击"同意协议并确定"，之后会要求手机校验，填写收到的校验码即可。如图10-6所示。

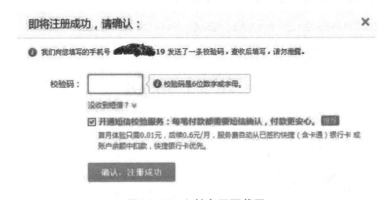

图10-6　支付宝网页截图

（5）接下来会提示你已经开通支付宝服务，需要你完善账户信息。点击"完善账户信息"链接来进行最后的设置。账户信息完善包括职业、常用地址、身份证有效期，设置完毕后，最后点击"确定"按钮即可。如图10-7所示。

图10-7　支付宝网页截图

3. 支付宝实名认证

由于在我们后期的开店过程中，所有的交易都是通过支付宝来支持的，所以还需要进行支付宝实名认证。

（1）登录支付宝网站https：//www.alipay.com/，点击【账户设置】—【基本信息】—【实名认证】—【立即认证】，点击【立即申请】。如图10-8所示。

图10-8　支付宝网页截图

 开店锦囊

实名认证，需要你持有居民身份证、台胞证或护照。用于实名认证的银行卡的开户名和你证件姓名要一致。

（2）在接下来的窗口中，选择"普通认证"下的"立即申请"。如图10-9所示。

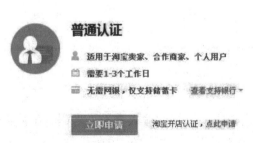

图10-9　支付宝网页截图

（3）接下来需要验证身份信息、验证银行卡信息，按提示填写相关信息，即可完成认证。如图10-10所示。

图10-10 支付宝网页截图

4. 淘宝开店认证

（1）登录淘宝网，点击"卖家中心"，然后在打开的窗口中点击"免费开店"，在打开的窗口中会提示淘宝开店认证尚未认证，点击其后的"立即认证"链接即可进行认证。如图10-11所示。

图10-11 淘宝网页截图

（2）在打开的窗口中，需要你输入身份证号码、手持身份证头部照、半身照，最后上传后提交审核即可。如图10-12所示。

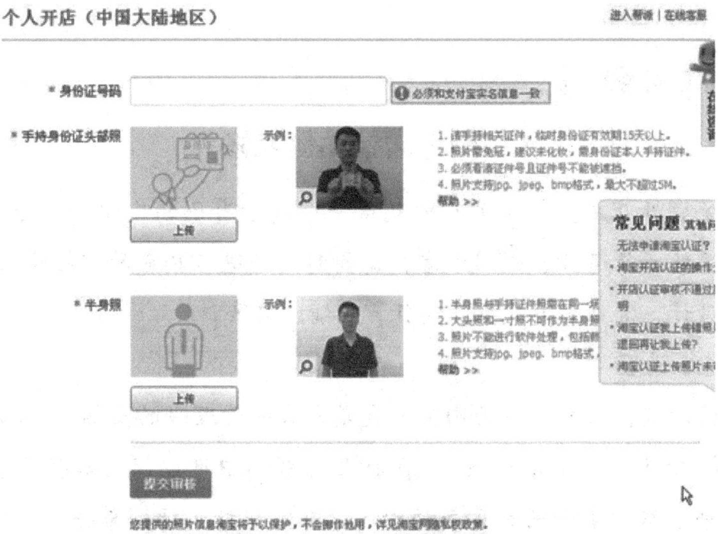

图10-12　淘宝网页截图

5.填写店铺信息

（1）通过淘宝开店认证后，就可以开店了。登录淘宝网，点击"卖家中心"，然后在打开的窗口中点击"免费开店"。如图10-13所示。

图10-13　淘宝网页截图

（2）在接下来打开的网页中，点击"填写店铺信息"，进而开始店铺名称、店铺类目、店铺简介、网店经营类型、货源设置等基本信息设置。

相关链接

淘宝店铺如何装修

在免费开店之后,买家可以获得一个属于自己的空间。和传统店铺一样,为了能正常营业、吸引顾客,需要对店铺进行相应的"装修",主要包括店标设计、宝贝分类、推荐宝贝、店铺风格等。

1. 基本设置

登录淘宝,打开"我的淘宝—我是卖家—管理我的店铺"。在左侧"店铺管理"中点击"基本设置",在打开的页面中可以修改店铺名、店铺类目、店铺介绍;主营项目要手动输入;在"店标"区域单击"浏览"按钮选择已经设计好的店标图片;在"公告"区域输入店铺公告内容,比如"欢迎光临本店!",单击"预览"按钮可以查看到效果。

2. 宝贝分类

给宝贝进行分类,是为了方便买家查找。在打开的"管理我的店铺"页面中,可以在左侧点击"宝贝分类";接着,输入新分类名称,比如"商务插花",并输入排序号(表示排列位置),单击"确定"按钮即可添加。单击对应分类后面的"宝贝列表"按钮,可以通过搜索关键字,来添加发布的宝贝,进行分类管理。

3. 推荐宝贝

淘宝提供的"推荐宝贝"功能可以将你最好的6件宝贝拿出来推荐,在店铺的明显位置进行展示。只要打开"管理我的店铺"页面,在左侧点击"推荐宝贝",然后,就可以在打开的页面中选择推荐的宝贝,单击"推荐"按钮即可。

4. 店铺风格

不同的店铺风格适合不同的宝贝,给买家的感觉也不一样,一般选择色彩淡雅、看起来舒适的风格即可。当你选择了一个风格模板,右侧会显示预览画面,单击"确定"按钮就可以应用这个风格。如下图所示。

在店铺装修之后,一个焕然一新的页面就出现在面前。

三、微信小程序开店

随着微信小程序的上线,线下实体花店将再次迎来一次大变革,鲜花微信小程序的出现,带来了整个鲜花行业的变革。

1. 什么是小程序

微信小程序,简称小程序,缩写XCX,英文名Mini Program,是一种不需要下载安装即可使用的应用,它实现了应用"触手可及"的梦想,用户扫一扫或搜一下即可打开应用。也体现了"用完即走"的理念,用户不用关心是否安装太多应用的问题。应用将无处不在,随时可用,但又无须安装卸载。

2. 小程序的功能

用户可以通过该小程序搜索找到附近的鲜花店,足不出户就可以实现店面查看和鲜花预定。

而在线预定的鲜花,既支持门店配送,也支持送花者自取,整个流程走下来,几乎只需要2～3步就可以实现订花。

3. 小程序的价值

小程序助力花店打造新零售,是一个很好的开始,能够让新零售打造实体店,从而实现线上线下新零售平台。通过小程序开店,其价值体现在如图10-14所示的四个方面。

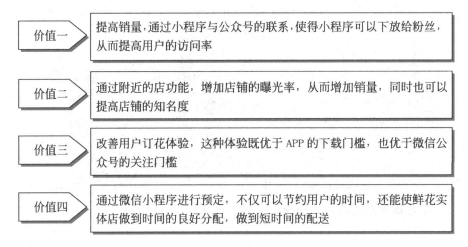

图10-14 小程序的价值

4. 入驻小程序的步骤

无论是互联网还是实体零售,都到了线上线下融合的时候,这两者缺一不可。那如何融合呢？花店经营者可从小程序入手。

下面以"深圳鲜花店送花上门"小程序为例,介绍其入驻操作步骤。

（1）打开微信,在"发现"卡片里可以找到"小程序"入口,通过顶部的搜索框搜索"深圳鲜花店送花上门",点击进去即可。如图10-15所示。

图10-15 微信网页截图

（2）进入"深圳鲜花店送花上门"小程序界面后，点击"入驻"，按提示登记信息后"提交"，即可完成注册。如图10-16所示。

图10-16　微信页面截图

微信小程序在各个领域都将会有很大的应用，鲜花实体店只是一个方面，对于实体花店经营者而言，要做的不仅仅是将微信小程序开发出来，更为主要的是要将微信小程序的功能尽可能地去应用，并且将这些功能与自己的店铺特点相结合。

 开店锦囊

最为主要的还是要寻找到微信小程序在鲜花领域的应用场景，这样开发出的微信小程序才能有市场，用户才会喜欢，才能给店铺带来更多的收益。

5.小程序营销

由于小程序具有线下LBS和线上社交营销双重推广属性，与鲜花订购电商运营高度契合，可以帮助鲜花店铺快速汇聚人气、传播口碑、提升复购率。对于地域性的鲜花订购电商店铺而言，尝试通过小程序增加获客渠道是行之有效、立竿见影的方法。借助"附近的小程序"LBS推广功能，店铺周边的用户可以通过微信，快速找到周边的鲜花店铺。

相关链接

开发鲜花微信小程序的意义

微信小程序自从提出到上线,就一直备受关注,现在随着微信小程序的功能和入口的增加,越来越多的企业和实体店想要利用微信小程序来实现线上和线下的连接。

首先,小程序开发价格低,开发门槛低,使得实体花店有了利用小程序的机会,毕竟它的开发推广价格要比APP低得多。

其次,微信小程序为花店释放了现有流量,也提供了获得增量流量的机会。所谓释放现有流量,就是利用微信小程序的各种功能,尤其是与公众号关联的能力,小程序码分享到朋友圈、微信群的能力,当然不能忽视的还有附近的店功能,这些小程序的功能,将为实体花店带来更多的流量,从而获取更多的红利。

最后,鲜花微信小程序对于卖家和买家而言,都有着非常大的好处。鲜花微信小程序的出现,让用户可以直接在小程序中去选择自己喜欢的鲜花,同时还可以直接在微信小程序中进行缴费、预定。当然,也可以选择上门自提、店铺配送等模式,这样就使得用户能够更好地获取鲜花。对于鲜花实体店而言,则可以提高工作效率,特别是对于一些小型的实体店花店,则完全不用再去雇佣员工,毕竟一款小程序就足以代替一两个员工了。

鲜花行业正在各个城市中不断地兴起,越来越多的人喜欢去购买鲜花,无论是过节、送人,还是举办各种活动,鲜花都是必备的一件物品。那么,如何购买鲜花,如何最便捷地购买鲜花就成了一个问题。而微信小程序则可以很容易地解决这一问题。

鲜花小程序的出现,必将引起整个鲜花行业的变动,而且鲜花行业开发一款电商版微信小程序,将对于实体店的工作效率有着很大的提升,而且还能够让用户有更好的体验。

四、网上店铺的推广

新开网店,店铺没人访问,没有流量,那是正常的,想要提升店铺流量,就需要做店铺推广，没有资金的情况下，可以做一些免费的推广，比如去一些论坛社区发下帖子，到微博QQ空间等平台发下广告等，你别小看这些，你在这些平台做下宣传都能引入很多流量的，而且这些平台里也存在很多的潜力买家，你的宣传做到位的话，就会为你的店铺带来销量，长期这样做，店铺的人气就会上来了，有人气了，店铺迟早都会有销量的。

1. 论坛宣传

在论坛宣传的主要方法就是通过发广告帖和利用签名档。

（1）发广告帖。经营者可以在各省或各大城市的论坛上进行，如果有允许发布广告的版块，可以发广告帖，内容一定要详细，商品图片一定要精美，并保持定期更新和置顶。

（2）利用签名档。经营者也可以在论坛上更改签名档，更改为自己小店的网址、店标、宣传语以及店名等。发布一些精美的帖子，以便让有兴趣的朋友，通过你的签名档访问你的小店。

2. 交换链接

在开店初期，为了提升人气，可以和热门的店铺交换链接，这样可以利用不花钱的广告宣传自己的小店。比如淘宝网就提供了最多35个友情链接，添加的方法很简单。

首先，通过淘宝的搜索功能，搜索所有的店铺，记下热门店铺的掌柜名称。

接着，登录http://www.taobao.com/help/wangwang/wangwang.php下载淘宝买家、卖家交流工具——"淘宝旺旺"，添加这些热门店铺的掌柜名称，并提出交换链接的请求。

如果答应交换，可打开"我的淘宝——我是卖家——管理我的店铺"，在左侧点击"友情链接"，然后输入掌柜名称，单击"增加"按钮即可。

3. 橱窗推荐

淘宝提供的"橱窗推荐"功能是为卖家提供的特色功能，当买家选择搜索或点击"我要买"根据类目搜索时，橱窗推荐宝贝就会出现在搜索结果页面中。要设置"橱窗推荐"功能，可以打开"我的淘宝——我是卖家——出售中的宝贝"，选择要推荐到橱窗中的宝贝（已经推荐到店铺首页的宝贝不能再进行橱窗推荐，即有"推荐"标记），单击"橱窗推荐"按钮即可。

五、网店销售服务

1. 售前服务

客户在看货的时候经常都会问很多问题，毕竟客户都是有货比三家的心理的，所以这时候就要有耐心才行，切不可着急。要知道网络购物不能跟生活购物相比，因为顾客看不到东西，他只有通过询问买家才能知道，所以你要设身处地地为他想，你要把事先应该让他知道的都说明白了。

2. 售中服务

当接到网上订花的订单后，一定要进行最后确认。

确认的方法有以下几种。

（1）电话确认。

（2）电子邮件确认。

（3）电商平台信息确认。

确认的内容如图10-17所示。

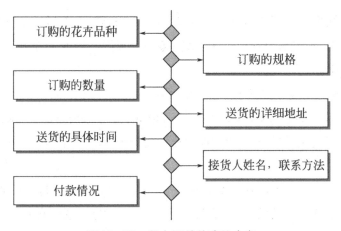

图10-17　网上订单的确认内容

3. 送货服务

在网上开花店，一定要建立一支能够快速送货上门的服务队。根据市场调查，消费者选择一家网络花店订花的第一点理由就是能够完成他的送花要求。这充分证明，同样的花卉、同样的价格，消费者选择你而非其他的网店，差别就在于服务。

花店经营者不要不顾自己的服务实力,为了迎合顾客而乱接服务业务,结果接受超出自己送货能力的地区顾客的订货,造成延迟送货,或者根本没有能力送货上门,既耽误了顾客的使用,更影响花店的信誉。

4.售后服务

售后服务是整个交易过程的重点之一。售后服务和商品的质量、信誉同等重要,在某种程度上售后服务的重要性或许会超过信誉,因为有时信誉不见得是真实的,但是适时的售后服务却是无法做假的。

 相关链接

网店售后服务诀窍

1.态度端正换位思考

客人收到不满意的货,有火气是人之常情,一定要体谅安抚。千万不要火上浇油,一个良好的态度可以像一缕微风吹散客人心中的愤怒,大事化小小事化了,说不定从此你还多了一个朋友,这个朋友会给你带来更多的朋友。反之则会一个火星引起燎原之势,将你烧得外焦里嫩。

2.处理及时减少等待

(1)及时地处理售后。最好是在客人申请退款维权之前就将客人的不满意解决掉。店铺处理售后的原则是这样的:能售前客服处理的不转给售后,售后能处理的不转给主管,在第一时间将客人的问题解决了。万一是解决不完的,在接收转接过来的顾客时也不能让客户重复复述问题,而是让客人稍事休息,自己去查看聊天记录,了解完后向客人复述一遍,看自己理解的是否是正确的,得到认可后第一时间将顾客的问题解决掉。

(2)及时地跟踪售后。有很多售后,比如需要退换货的,可能当时一下不能解决完,就需要自己记录备忘,每天跟进自己的备忘录,不要等着客人来找,而是主动联系顾客,顾客的不满意会随着一点点的努力变成一个个满意。

(3)及时地交接售后。如果不是售后客服处理的,其他人员要及时将处理完成的需要持续跟踪的售后转接到售后客服那里记录交接,一是可以避免遗漏,二是将问题汇总,可以便于对店铺运营问题进行分析和总结,为此后良好持续运营提供有力的数据。

一旦发生了需要退款和维权,大家也要第一时间解决,一是这些数据都会影响到店铺的数据,更重要的是如果客人都选择了退款和维权还得不到快速解决的话,那不但会对店铺失望,也会对整个网购过程丧失信心。

3.承担责任让利顾客

发生售后可能并非卖家所愿,或者现阶段已不受自己控制,比如发货都是委托给合作的快递公司,丢件了并不是你的责任,但是客户更没有责任。在这种时候一定不能让客户承担责任,要第一时间帮助买家找件,找不到的话要第一时间给客户补发,之后再和快递公司协商赔偿事宜,而不是先谈妥赔偿再去给客人补发。在处理售后的时候一定要让顾客感受到诚意,同时又降低店铺的运营成本,但是前提是顾客满意。

4.培养客服的专业性

顾客是上帝,所以除了要用心服务外,还要有极强的专业性,才能长期地留住顾客。在这里主要说说如何对付职业差评师,职业找茬的顾客。职业差评师虽然不美好,但是现实存在,或者可以把他们美好的看作只是比较贪心或者难缠的顾客,但是还是要学会保护自己和店铺自身利益。

客服要熟知相关规定,以及自己店铺的规则。在客人购买前将特殊说明和客人沟通清楚,一旦发生纠纷时,要保持冷静,和客人沟通的时候不要留让客户咬文嚼字的字眼,更不要和其冲突,保持理智和礼貌可以让这类客人无机可乘。

第十一章
配送服务

第十一章
配送服务

导语

对于花店来说，配送是一个非常重要的环节。从长远的角度来看，销售并不仅仅是赚当下的钱，而是为了长久的利益。销售每一个环节都是关键，配送是最后的环节，做到完美服务留住客户，从而培养忠实的客户是至关重要的一个环节。

一、送货订单的填写要点

光顾花店的顾客,有些是提前预订,到了需要的时间才要求花店送货。对于这类顾客,花店在接待时要注意如图11-1所示的几点。

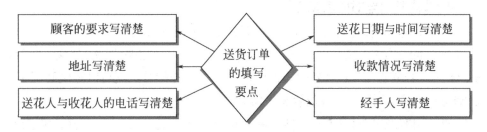

图11-1 送货订单的填写要点

1. 顾客的要求写清楚

接待预订顾客的店员一定要将顾客选定的款式、包装、丝带、是否需要发票等要求写清楚。因为订花与送花往往不在同一天,以免有员工休假或不在店中时耽误订单。

2. 地址写清楚

标注地址这个看起来很简单的事,要做好也不容易。由于一般店员只会注明大致地址,如长安街18号,但这样的地址不详尽,会给送花的员工增加工作量。这种情况下,接单的店员应问明顾客具体怎么走,比如附近有什么标志性建筑物,并标注在送花地址栏上。

这项工作一定要认真细致,否则找不到地址,送花不及时,不仅顾客不满意,店员之间也易产生矛盾,影响团队团结。而且在找不到地址的情况下,总给顾客打电话会让顾客怀疑花店的经营与管理能力。因此,要尽量详细地记录好顾客地址。

3. 送花人与收花人的电话写清楚

有些店员在接订单时,常常只登记购买人的电话。但是很多时候购买者与收花人不是同一人,如果花店能把购买者与收花人的电话都登记清楚,这样就等于双保险,当花店实在联系不上购买者时,也可以联系收花人。

开店锦囊

记录双方手机后,最好随口问一句"有固定电话吗?"这样记录下双方的固定电话就更保险了,防止手机没信号、没电等联系不上的情况。

4.送花日期与时间写清楚

如果顾客要求花店于×月×日下午5:00左右将订购的鲜花送到,店员应该追问一句:"您可以给我一个时间段吗?"那么顾客可能会说:"那就5:00~5:30吧!"这样在堵车的情况下,去送花的员工就可以控制时间了;否则晚一分钟都叫迟到,花店容易失信。

如果顾客说:"必须5:00到,否则我就不在家了。"那么,花店就更要准时,宁可早出发,也不要耽误顾客的时间。

5.收款情况写清楚

单据上写明已付金额、欠付金额。订花的收款情况不同,有的已付全额,有的只付了定金,如果这条写不清楚,店员交接班时易出错。

××花店于两天前接了一个订单,当时顾客只付了一半的花款作为订金,余下的花款说好送货的时候结清。可是这个情况却没有在订单上注明。送货去的员工,也只按单上的地址把花准时送到了。待送花员工返回店里时,接单员工才想起还有一半的款项没收。虽然后来送花员工又跑了一趟,将这个钱收了回来,但是却耽误了不少时间,而且店员之间也互相埋怨,不利于团结。因此,在订花单据上要注明详细情况,以免因信息传递有误而造成损失。

6.经手人写清楚

花店在设计送花单时,各个阶段都要有经手人一栏。填写经手人,就有了首问负责制,即使经手人休息,也要督促进货人员、送货人员按单操作,就不会出现没人管的情况了。

二、给顾客送花的技巧

我们开花店的目的,就是要借用鲜花传递关爱和祝福,但是送花不同于寻常快递,花束也不是普通物品,送花这个环节在很大程度上决定了是否能够留住回头客。这就需要花店经营者掌握一些送花的技巧,具体如下所述。

1. 送花要附赠贺卡

给收花人附上一张贺卡，贺卡上写上祝福的话，而且所写的话要能表达顾客的情感。但是有的顾客即便你给他贺卡，一时也想不出贴切的话，这时，花店可根据顾客的需求提供一些感人的话语，供顾客参考，这样就可以大大增加花束的附加值。

另外，花店提供的贺卡，最好用信封装起来，而不是一张谁都能看的卡纸。因为送花有时送到办公室，会有同事翻看而不小心泄露了顾客的隐私。花店要帮顾客留意这些细节。

 开店锦囊

花店可以自己批量印刷贺卡，在贺卡上印上花店的标识、地址、网址、电话等，这相当于是一个长期的活广告了。

2. 送花时配备小喷壶

送花人员要配备一个微型、便携的小喷壶，在给顾客送花进门前，用小喷壶在花上喷些水，可以让花显得新鲜。尤其是玫瑰花上，喷水后，水灵灵的鲜花显得格外新鲜，会增加收花人的满意度。

3. 注意送花的运输环节

鲜花在运送过程中也会出现品质下降的情况。尤其是冬天，北风一吹，花脱水很快，花瓣边缘就会变黑，影响观赏效果。

国外的送花车还会配备固定花的装备，防止花篮、花束倒伏，这也是保持花的品质的关键所在。

4. 准备好备用花材

善于销售的花店要求员工送花上门的时候除了客人订的花之外，还要带一些备用的花材，这样可以在顾客有改动要求时，方便更换或是补充。当然，很多时候他们的花是让客人完全满意的，根本不需要备用花材。但每次这些花材都给顾客留下了深刻的印象，为花店换来了很好的口碑。

5. 送花人员要注重仪表礼仪

不论是送花到顾客家中，还是到顾客单位，送花人员都要注意自己的仪表。

有个花店的员工给一个高端写字楼送花时，由于天太热，去的时候穿着短裤、拖鞋，结果门卫都不让他进。

送花一般送到顾客门口（或单位前台附近）即可，没有受到顾客邀请同意就不要擅自进入顾客家里（或工作区域），身体与顾客保持半米左右的距离而不要贴得太近，递送鲜花时要面带笑容，建议双手递送，千万不能因为忙碌而黑着脸，最好顺便说声："祝你幸福快乐（通用句子，无论爱情友情还是生日节日都通用）！"如果客人是送父母的，可以夸夸对方有个孝顺的好孩子，祝福下对方，那就更是完美了。

送花人员不要接受顾客的小礼物、饮料、水果食物等。如果万一顾客挑剔鲜花质量包装，能解释的就解释，不能解释清楚也不要当时跟对方争执。

6. 告知顾客鲜花保养方法

送花时，为了便携，有的店员会将花束里的水倒掉，但花送到后要主动将水加好。如果送的是花篮，则要为顾客示范如何加水保鲜，并耐心回答顾客的问题，做好服务。

7. 要让收花人打收条

花送到后要让收花人打收条，让顾客签字并填写日期。收条一般保留3个月左右。

8. 留下名片

别忘了，收花人是你的潜在顾客，送花后要给顾客留下名片，并发出"您和您的同事如果要订花，可以打电话给我们"的邀约。

××花店的一个大客户，原本是收花人，就是因为对花店送去的花非常满意，与花店达成了长期的合作。

因此，花店要培训送花人员在完成送花后，与收花人多交流，而不是送完就走，应主动告之鲜花的保鲜与花艺之道。同时，收花人也会问一些问题，送花人员要耐心解答，并顺便说出自己的花店位置、搞什么促销活动及本月有什么重大节日等，邀请收花人有空去花店看看。

 开店锦囊

与收花人融洽沟通会加深其对花店的印象，易成为花店的回头客，或成为你的潜在顾客，这种做法会给花店带来收益。

相关链接

送花过程中的异常处理

1.送花时，收花人不在怎么办？

一般情况下可请其同事或家人代收，并打好收条。还可以请代收人转告真正的收花人收到花后，给花店发送一个确认收花的短信，作为凭证。

比如，一名男顾客给一位女主持人送花，他只知道×日×时这个女主持人在某地主持节目，于是花店在当日将一束价格昂贵的花送了去。结果女主持人节目改期了，男顾客并不知道。这时，无法找人代收，男顾客让花店择机等通知再送。可是，花束已经打出来了，花枝也剪短了，店员也已经送过一次，花店已经付出了成本。在这种情况下，花店就要与顾客协商补一些费用了。

2.送花时，收花人不收怎么办？

这种情况对花店来说很常见，一般的花店都会说几句好听的话，恳求客人收下，这样也能解决一些问题，但有的收花人坚决不收。

比如，一个女孩拒收男孩送的红玫瑰，她说："我真的不能收，收了不就给他（男孩）希望了吗？不等于害他吗？"听听也有道理。还有的送花人与收花人之间产生很大矛盾，收花人不想原谅对方，这种情况也会造成拒收。

在这种情况下，花店完全没必要低声下气求人收花，可以让收花人打一个拒收的条，并写上日期和时间就可以了。花店拿着这样的纸条也等于收条，至于花，怎么处置都可以。

3.电话订花，要求货到付款，结果无人接收怎么办？

有的花店遇到过将花送到后，查无此人电话的订单，这是恶意电话。对此类事情的处理可参考如下方法。

（1）看打电话订花的顾客是不是老顾客，至少店员有印象。老顾客可以充分信任，如果比较陌生，可以用两种方法核实：一种方法是，花店先上门取款，收到款后，再制作插花送上门，这样操作，虽然花店跑了两趟，但是没给顾客增添麻烦，算是比较稳妥的办法；另一种方法是，派出两组店员，一组去上门取款，款收到后立刻电话通知店中，另一组赶紧上门送花，这种方法是增加了人员成本，但可有效避免收不到款的情况。

（2）对于金额较小的陌生电话订单，不值得跑两趟，花店不在意或没有较大损失的小订单，可细细感觉与电话另一端的顾客通话时的声音、送花细节等，并在结束通话后，按顾客留下的电话，最好是固定电话打回去，核实一下收花人地址、姓名等，如没有偏差，确有此事，就可以安排送花。

  3. 节日期间送花人手不够怎么办？

  一般出现人手不够的情况多在节日里，此时订单量激增，一些花店找快递公司送花，因配合不够默契，出现丢单、误单、损伤插花的问题很多，有的隔两天才送到。

  这时花店在平时就要注意积累和招募可以送花的人员，如花店旁边小区的退休人员、高中生或大学在读学生（利用他们放学或放假时间）、附近的拉活儿司机等，多积累人员，并注明他们每个人可以兼职送花的时间段。尤其在情人节前，提前一个月就要计划招募临时送花员。

三、送花结束后的工作

  送花结束后，一般的花店就结束了任务，而对有生意头脑的花店来说，这还没有完，还有如下工作要做。

1. 主动与订花人联系

  应主动与订花人联系，不要等顾客打来电话查问，花店应该主动给他（她）打个电话，第一时间告之他（她）花已送到，是某某人签收的，签时情况如何，收花人态度如何、说什么了等。有些服务好的花店，还会把送的花拍成照片发给顾客。

2. 建立顾客档案

  有的花店送花后，会定时电话回访，建立顾客档案。一个详尽的送花单上，应有地址、电话、日期、用途、价格等信息。送花结束后，要在上面补充一些资料，如收花人的外貌、性格、消费特点的描述等，可附上这次送花的图片编号存档。

  要详细分析、妥善保存这些档案，在来年重要日子里，打电话问询一下顾客愿不愿意再订花。花店的生意就是在这样的经营中一点一点攒出来的。如果你的生意一年不如一年，那么你要检讨自己的经营方式是否出了问题。

3. 电话回访

  在重大节日后，要对顾客进行电话回访，便于收集顾客对花店在大宗节日销售时的意见与建议。

回访时，花店可以特意开辟一条电话专线，由客服人员根据事先列出的回访单逐一询问，回访内容应涉及花材品质、色彩搭配、配送服务、客服态度等方面。一旦顾客对上述内容提出疑问或投诉，客服人员便针对情况进行解答，并如实记录反馈信息和意见。

对于回访的反馈信息，花店应进行细致分类，将顾客满意与不满意的选项一一列出，然后逐个分析顾客不满意的原因，从而寻求解决办法。

 开店锦囊

个人信息的建立有助于花店更好地判断顾客喜好，从而将一次性生意发展成长久合作，提升顾客对花店的信任与依赖。

四、送花服务的细节

如今，绝大多数的花店都开设了送花上门的服务项目。这是一件既方便消费者购花，又能有效提升花店信誉、增加花店收益的好事。但是，在实际操作过程中，有不少花店因为不太注重细节，想当然地猜测顾客的心理，结果好心办坏了事情，弄得消费者不满意。花店经营者在给顾客送花时，要注意如图11-2所示的三个细节。

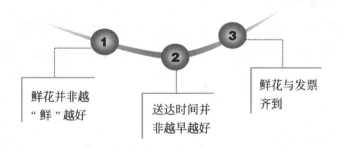

图11-2　送花服务的细节

1.鲜花并非越"鲜"越好

花店有时候会碰到一些比较挑剔的顾客，总认为送货上门的鲜花一定是店里挑剩的陈花，所以有的花店就专门挑选那些含苞待放的鲜花送货上门，认为这样顾客就无话可说了。还有的经营者觉得，含苞待放的鲜花放得时间最长，顾客见了肯定会非常满意。然而，事实并非如此。

送礼品花上门和顾客自己买花回家摆放是不一样的。顾客为自己买花，可能会挑花苞，希望能开得久些，而一般情况下顾客到花店预约送花，追求的往往是希望鲜花送达那一刻有较好的效果，如果这时候送到对方手中的是一个满是花苞的花篮，其结果可想而知是要大打折扣的（有特殊需要的情况除外）。

另外，如今人们对鲜花的鉴赏水平已经大大提高，哪些是新鲜的花朵，哪些是开败了的花朵，消费者是很容易辨别出来的。当然了，有个别花店的确专挑那些开过头的花来送，这就更不可取了，到头来只能是砸自己的牌子。

2. 送达时间并非越早越好

顾客在预约的时候一般都会提出明确的送花时间，而不少花店往往会提前把花送到。这些花店的老板认为，送花的员工路上可能会遇到各种情况，迟于顾客约好的时间，可能会误了顾客的事，因而早点送去会比较保险。殊不知，有时候正是由于送得太早也会令顾客不满意呢。

比如送婚宴或寿宴、生日聚会这类的，送花人的目的之一就是要在大庭广众之下表达心意，显示与收花人的亲密关系或给收花人长面子的，如果早早联系就送到人家家里或别的地方，悄没声息的，就达不到订花人的目的。

其实，作为花店应该想到这种细节，如果送花的员工到得太早了，可以先在附近等一会儿，到了约定时间再送进去，那么尴尬的局面就完全可以避免。

3. 鲜花与发票齐到

对于顾客要求送货上门的订单，在接订单的时候就要主动询问清楚，是否需要开具正规发票。一般来说，除非客户有特殊要求，花店在送货时应一并将发票带上。

参考文献

[1] 佚名. 开花店的目标市场分析（图）[EB/OL]. 2015-09-20.http://www.koduo.com/leimu/huadian/36773.html

[2] 昆明爱佰合花卉. 开花店的6大影响因素之2：花店的定位[EB/OL]. 2017-05-12.http://www.sohu.com/a/140109814_624367

[3] 佚名. 开花店的前期准备和选址[EB/OL]. 2015-06-25.http://yy.yuanlin.com/detail/39860.html

[4] 佚名. 花店开在哪里很重要（图）[EB/OL]. 2015-09-26.http://www.koduo.com/leimu/huadian/36876.html

[5] 佚名. 如何给花店取个好听的名字?（图）[EB/OL]. 2015-09-25.http://www.koduo.com/leimu/huadian/36867.html

[6] 蓝白之隙. 花店名字，最有创意的花店名字[EB/OL]. 2016-07-15.http://www.yw11.com/dianmingdaquan/20160714_13597.html

[7] 佚名. 花店装修不可怠慢（图）[EB/OL]. 2015-09-27.http://www.koduo.com/leimu/huadian/36885.html

[8] 佚名. 花店装修效果图 充满爱与美的温馨空间[EB/OL]. 2016-12-02.http://zixun.jia.com/article/423070.html

[9] 佚名. 花店装修需要注意的问题（图）[EB/OL]. 2015-09-27.http://www.koduo.com/leimu/huadian/36886.html

[10] 花不语. 花店开店必备指南[EB/OL]. 2017-08-03.http://www.sohu.com/a/161821336_691598

[11] 雪松网. 中国已成为世界最大花卉生产基地 详解七大主产区[EB/OL]. 2017-09-05.http://www.sohu.com/a/169672161_750320

[12] 佚名. 花店如何优化进货管理？[EB/OL]. 2015-10-01.http://www.koduo.com/leimu/huadian/36951.html

[13] 佚名. 花店管理——花店要如何养护花材？[EB/OL]. 2018-01-11.https://www.hua.com/huayu/20387.html

[14] 花间事. 经营——花店花艺作品的价格核算与定价策略技巧[EB/OL]. 2017-

01-22.http://www. sohu.com/a/124925426_461870

[15] 情义花卉. 关于鲜花的养护[EB/OL]. 2018-01-06.http://www. sohu.com/a/215069388_782485

[16] 佚名. 花店应该怎么样设计？花店内部设计分析[EB/OL]. 2016-06-29. http://www. zxzhijia.com/Info/zhishi/7087.html

[17] 佚名. 花店店铺如何正确使用灯光照明[EB/OL]. 2016-04-22.https://www. hua.com/huayu/15624.html

[18] 微动天下. 买花微信小程序有哪些[EB/OL]. 2017-08-02.http://www. sohu.com/a/161703674_446706

[19] 益肤达人. 如何在互联网时代，经营一间网上花店？[EB/OL]. 2017-07-09. https://baijiahao. baidu.com/s?id=1572434240329203&wfr=spider&for=pc

[20] 王飞. 花色搭配必须掌握哪些要点[EB/OL]. 2013-05-11.http://www. yuhuagu.com/chahua/2010/0511/897.html

[21] 爱花居. 干货！了解透这四种形态的鲜花，才能打造唯美花艺[EB/OL]. 2017-02-27.http://www. sohu.com/a/127348813_478198

[22] 微佳宝.【微案例】鲜花店通过微信让营业额"锦上添花"[EB/OL]. 2016-08-29.http://www. sohu.com/a/112626594_332389

[23] 永生花的世界小编. 花店微信公众账号推广运营技巧[EB/OL]. 2015-01-06. http://www. yongshenghua. me/458.html

[24] 亚琴. 开一家赚钱的鲜花店[M]. 北京：中国财富出版社，2015.

[25] 李永红，杨学军，谢利娟. 花店经营手册[M]. 北京：农村读物出版社，2006.

[26] 王立平. 开花店怎样赚钱[M]. 北京：金盾出版社，2011.

[27] 祝文欣. 鲜花店五日通[M]. 北京：中国发展出版社，2009.

[28] 华淑花. 开家鲜花店[M]. 北京：中国宇航出版社，2004.

[29] 樊伟伟. 花艺制作与花店经营全攻略[M]. 北京：中国经济出版社，2006.

[30] 严凤鸣. 零基础低成本开家花店[M]. 长沙：湖南科技出版社，2013.